会話は、とぎれていい

愛される48のヒント

加藤綾子

文響社

会話は、とぎれていい

愛される48のヒント

はじめに

「仕事とプライベートに役立つ『話し方』の本を作りたい」

出版社の方から、このご提案をいただいたとき最初はお断りしようと考えました。

まず、何よりも私自身の話し方がまだまだ未熟であり、日々学んでいる身だからです。自分が話し方について何かを語るのはおこがましいことのように感じました。

また、もう一つの理由として、私の中で「話し方の本」というのは「こういうシチュエーションではこう言えば大丈夫」というマニュアル的なものが書かれているイメージがあったからです。

明石家さんまさん、タモリさん、笑福亭鶴瓶さんといった方々をはじめ、アナウンサーの先輩、俳優、歌手、スポーツ選手、企業経営者の方々……様々な「話し方の達人」とお話しする機会をいただいて感じるのは、今すぐ使えるマニュアルというものはほとんど存在しない、ということです。確かに、話し方の達人の素晴らしい技術に感動することも多々ありますが、それ以上に、彼ら・彼女らは気遣いや心のあり方といった、本質的な部分に重きを置かれているような気がします。一朝一夕で身につくようなものだとはとても思えません。

そこで、出版のご提案をいただいた最初の打ち合わせには、かなり後ろ向きな状態で参加することになったのですが、編集の方々とやりとりをする中で、私が認識違いをしていた点に気づきました。

それは、

「私が話し方について教える立場でなくても良い」

ということです。

私は、「話し方の本を作る」と聞いたとき、自分の知っている知識や経験を読者の方にお伝えするものだと考えていました。しかし、自分が教壇に立つのではなく、いわば生徒の代表として、先生の話を分かりやすく伝える立場でも良いというのは発想の転換になりました。

フジテレビの局員として働いていたときも、フリーになってからも、私の仕事内容は、

「伝えること」

です。

ニュース番組では日々起きる出来事の詳細を伝える。バラエティ番組では芸人さんやタレントさんの面白さや知性を伝え、スポーツ番組では選手の魅力を、情報番組では視聴者の方に役立つ知識を伝えます。フリーになってからは雑誌の連載で経営者の方々を取材し、彼ら・彼女らの考え方や魅力を伝える仕事もしてきました。アナウンサーとして、これまで様々なジャンルの伝える仕事に携《たずさ》わってきましたが、その中に「話し方」があってもいいのではないかと考えたのです。

「教えるのではなく、伝える」

これは本書に通底するコンセプトの一つです。

また、打ち合わせを進めていく中で、必ずしも話し方のマニュアル本をつくる必要はないと感じるようになりました。

編集の方々のお話によると、確かに、書店に並ぶ話し方の本には、「会話が続かなくなったらこの話題を切り出す」「困った人にはこの一言で対処する」などといったものも数多くあるようです。しかし、話し方の達人たちが日々実践している内容についてお伝えすることは、話し方を磨くだけに留まらず、人間関係や仕事における大きなヒントになる可能性があります。また、コミュニケーションの本質的な話は、驚きやインパクトには欠けるかもしれませんが、普遍性を持っています。だからこそ、仕事やプライベートでのコミュニケーションや、家族との人間関係の築き方を振り返り向上させる上で、格好の材料となるはずです。

このような経緯で本づくりをスタートさせたのですが、打ち合わせを重ねていくうちに、最初のころはまったく想定していなかった内容に発展していきました。

まず何よりも、この本では、

「コミュニケーションは楽しい」

ということをお伝えすることになりました。

私がアナウンサーを志した理由は何よりも「話すことが好きだから」です。そして、話し方の達人たちは、例外なく話すことを「楽しんで」います。

話し方を向上させようと考えている方の中には、会話や人間関係に対して苦手意識を持っている方もいらっしゃるかもしれません。

しかし、会話や人間関係は――もちろん大きなストレスも存在しますが――本来「楽しい」ものであり、会話を楽しむための数多くのヒントをご提案できたのではないかと感じています。

また、話し方についてお伝えすることは、コミュニケーション全般の話をすることだと気づきました。たとえば、阿川佐和子さんや高島彩さんとお話ししていると、普段の自分では思いつかなかったり、他の人には話せなかったりする内容を口にしてしまうことがありますが、その理由は、阿川さんや高島さんが素晴らしい聞き手だからだと思います。優れた「聞き方」を身につけることは相手を話し上手にし、自分の話し方や話す内容にも影響を与えるでしょう。本書では、「話し方」に軸足を置きつつも、「人の話を聞く姿勢」や「相手への気遣い」、「仕事に対する姿勢」、「人間関係の築き方」などにも話が及んでいます。

また、会話や人間関係が苦しくなる場面において、達人たちがどのような考えを持ち、どういった姿勢で臨んでいるかを紹介することで、気持ちが「楽になる」という効果も生まれた気がします。

たとえば、コミュニケーションにおける苦しさの代表的なものに「緊張」があります。

これは本編で詳しくお伝えしますが、タモリさんは、

「経験が浅いころよりも、長く続けてきた今のほうが、本番前に緊張する」

とおっしゃっています。こういった姿勢を知るだけで緊張が和《やわ》らぎ目の前のコミュニケーションに臨みやすくなる気がします。こうした情報をお伝えすることも、この本をつくる意義だと感じました。

また、様々な場面での話し方について考えたことで、いわゆるトークのうまい人だけでなく、社内プレゼンや会議の仕切りに秀《ひい》でた人、口数は少ないけれど信頼関係をうまく築く人といったように、優れたコミュニケーションには多様なアプローチがあることもお伝えできたのではないかと思います。

自分としてはそれほど特殊ではないと思っていた考え方で、編集者の方に驚かれたも

のもあります。

たとえば、

「人と話すときは無理して相手の目を見る必要はない」

「会話がとぎれるのを怖がらなくていい」

などです。

これは、編集者の方に、いわゆる話し方マニュアルをまとめていただいた資料に対して、私なりの意見を述べたときに出てきたものです。「相手の言葉に対してオウム返しをする」や、「初対面では天気の話をする」といったテクニックは、もちろん仕事やプライベートで役立つ場面もあると思いますが、場合によってはコミュニケーションが「不自然」になってしまう危険性があります。

私は会話において「不自然さ」は大きな問題になると感じています。本書では、マニュアルにとらわれすぎて不自然な会話になるのを避け、本来の自分の魅力をいかに引き出すかに注力しています。

そして、何よりも、本書に登場する会話の達人は、全員、私が魅力的だと感じている

方々です。「なぜ、彼ら・彼女らが魅力的なのか」を考えることは、そのまま、

「どうすれば魅力的な会話をすることができるのか」
「どうすれば愛される人になれるのか」

という疑問への答えになりました。

本書でお伝えする内容が、新たな魅力を身につけたり人間関係の悩みを解消したりするヒントになり、あなたの仕事やプライベートを今以上に充実させてくれることを、心より願っています。

加藤綾子

もくじ

Chapter 2

なぜ、あの人は愛されるのか

Chapter 3

「苦手な人がいる」「居場所がない」……困った場面でどう振る舞うか

Chapter 4

仕事力を伸ばすコミュニケーション

Chapter 5

愛される聞き方

Chapter 6

幸せを「見つける力」

Chapter I

言葉より大事なもの

本書では六章にわたり、「愛されるコミュニケーション」について具体例を交えながらお伝えしていきます。最初の章は、魅力を生み出す「姿勢」や「考え方」についてのお話を集めました。

多くの人は、コミュニケーションを「言葉」や「仕草」、「ジェスチャー」など表面に現れるものだととらえているように感じます。もちろん、そういった考えも間違いではありませんが、その裏側にある、思考や感情をおろそかにしてはいけません。

たとえば、

「おはようございます」

という挨拶《あいさつ》一つをとっても、

（今日も気持ち良く働きたい）

という感情から生まれる「おはようございます」と、

（とりあえず挨拶しておかないと……）

という気持ちから生まれる「おはようございます」は、
まったく違う伝わり方をするでしょう。
言葉としては同じ「おはようございます」でも、
コミュニケーションとしては大きな差が生まれてしまいます。
相手に対する気遣いや思いやり、前向きな解釈といった
「根」にあたる部分がなければ、
言葉や仕草など表面に現れてくるコミュニケーションも
魅力的なものにはならないような気がします。
そのことを知っていただくために、
「根」にあたる部分についてまとめたのが一章です。
すべての章の基本にあたる内容なので、
ぜひじっくりと読んでいただけたらうれしいです。

人生で一番落ち込んでいたときに救ってくれた一言

仕事やプライベートが思い通りにならず、落ち込んだ経験は誰にでもあると思います。そんなとき、自分を救ってくれるような一言をもらった感動は決して忘れられません。そして、誰かにそんな言葉をかけてあげられる人になることは、愛される人に近づくことだと思います。

フジテレビ入社1年目の私は、「アナウンサーをやめたい」という気持ちになることがよくありました。何もできない新人アナウンサーという状態でテレビに出て、多くの人の視線を受けるというプレッシャーが、想像をはるかに超えて苦しかったからです。

その重圧がピークを迎えたのが、２００８年10月に『カトパン』という番組が始まったころです。

日によっては、午前1時に起きて午後11時までロケという不規則な生活にも悩まされ、「つらい」「合わない」「やめたい」という拒否反応ばかりが生まれていました。実際にアナウンス室長のところに行って「異動させてください」とお願いしたこともあります。

このような後ろ向きの態度を取っていた私に対しては、社内でも「加藤はまったくやる気がない」というように厳しい目線を向けられていたと思います。『カトパン』についても、制作スタッフの方から、

「そもそも『カトパン』というタイトルが間違いだった。『アヤパン2』にすればよかった」

と言われてしまうほどの状況で、今振り返ってみても、私の人生の中で一番苦しい経験でした。

そんなとき、早朝番組『めざにゅ～』の本番後に、先輩アナウンサーの松尾翠《みどり》さんが私のところに来て、声をかけてくださいました。

「考えすぎなくていいよ。この番組だって、ちょっと翠さんとお話ししに行ってこよ！　みんなとおしゃべりにしに行こ！　って遊びに来るぐらいの気持ちで仕事に来ればいいじゃない」

――この一言に、私は本当に救われました。

これは翠さんの人柄も大いに関係していたと思います。翠さんはいつも自然体で仕事と向き合っていて、どんなときでも周囲の人を幸せな気持ちにしてくれるので、言葉がすっと胸に入る感覚がありました。

また、こういった状況のとき、「やめたいならやめていいんだよ」という言葉をかけられたとしても大きな救いにはならないような気がします。私自身、「やめたい」と口にしてしまってはいましたが、心の中では「悔しい」「もっと頑張りたい」「結果を出して見返したい」といった色々な感情が渦巻いていたように思います。

このときの翠さんの言葉は、私の心の負担を軽くしてくれると同時に、仕事に対しての前向きな気持ちも引き出してくれました。だから本当に救われたのだと思います。

そして、私が「もっと頑張りたい」という気持ちを持っていたことを実感したのは、『カトパン』が終了したときでした。

自分でも驚いたのですが、番組が終わると知ったとき、涙が止まらなくなったのです。あんなにつらい、やめたい、と思っていたのに、悲しい気持ちがわき上がって抑えられませんでした。そして、この出来事をきっかけに、目の前の仕事に全力で取り組むことを決意し、できる限りの時間と努力を仕事に注げるようになりました。

２０１０年。ずっと尊敬しているアナウンサーの高島彩さんがフジテレビを退社するとき、ある番組でこうおっしゃってくださいました。

「加藤には私の番組をすべて任せられる」

この言葉を聞いたときは、本当にうれしくて涙があふれ出てしまいました。

落ち込んでいたとき、ただ慰めるだけでなく、そっと背中を押してくれた翠さんの一言があったからこそ、『カトパン』が終わったときの悔し涙をうれし涙に変えることができたのだと思います。

❖落ち込んでいる人の心の負担を軽くしながら、
前向きな気持ちを引き出す

明石家さんまさんの隠れた魅力

明石家さんまさんとは『ホンマでっか⁉ TV』をはじめ、長く仕事をご一緒していますが、面白さはもちろんのこと、その裏に隠れた優しさや気遣いの深さにいつも感動しています。

常に会話を引っ張っているイメージのさんまさんですが、実は、会話に「強引さ」がほとんどありません。さんまさんは、相手が「これ以上は何かを言われたり聞かれたりするのは嫌だ」と感じるラインを絶妙に判断しているように感じます。

『ホンマでっか⁉ TV』に女優さんが出演するときなど、番組としては他では言っていない内容を引き出したいので、さんまさんも恋愛だったり、結婚生活だったりといった際どい話を振ることがあります。しかし、会話の中で雰囲気を敏感に察知して、女優さんを苦しめないよう絶妙なタイミングで引き返します。

テレビの現場を離れ、普段の会話をしているときも同じです。番組出演者の食事会があった際、参加者の女性の恋愛話で盛り上がったことがあります。お相手の男性のことをみんな知っていたこともあって、私も含め、その場にいた人のほとんどが「あの男の人はやめたほうがいい」とアドバイスし始めました。すると、さんまさんはみんなの話を聞いたあと、「でもあいつ良いところあるよな、魅力的なやつだよな」とさらっと言ったのです。好きな相手を周囲に反対され、つらそうにしている彼女の気持ちを汲んださんまさんの一言にハッとしたのを覚えています。

さんまさんの気遣いが素晴らしいのは、気を遣われている側がほとんど気づかないことなのかもしれません。

たとえば会食の席などで、「私がやります！」と言って料理の取り分けや飲み物の用意などをすべて一人でやってしまう人がいます。一見、周囲を気遣っているようですが、仕事を奪われた他の人は「何もしていない人」に見えてしまいます。本当の気遣いというのは、その場にいる人全員が気持ち良く過ごせるよう配慮することであり、場合によっては「気を遣わないという気遣い」もあるように思います。

その意味で、さんまさんの気遣いは表面上は気遣いに見えないことも多いので、世の中では「さんまさんは面白い人」であり、気遣いの人というイメージが少ないのだと思います。

さんまさんの領域に達することは本当に難しいことだと思いますが……その場にいる全員が気持ち良く過ごせるために何ができるかを考え続けることで、本当の気遣いができる人に近づけると感じています。

愛されるヒント 02

❖その場にいる全員が気持ち良く過ごせるような
コミュニケーションを意識する

会話がうまい人は「脱線」する

『めざましテレビ』で、福山雅治さんにインタビューしていたときのことです。

「加藤さん、今の話聞いてました？」

急に福山さんに指摘されて、とても恥ずかしい思いをしました。このとき私は「このあとはこれを聞いて最後はこう締《し》めよう」という段取りを頭の中でしてしまっていて、目の前の福山さんのお話から注意が逸《そ》れてしまっていたのです。顔は相手に向けていても心ここにあらず、といった具合でインタビュアーとして問題があったと反省しました。

テレビでのインタビューは時間が厳密に決まっている上に、常に自分が画面に映る可能性があるので、どうしても最初に想定した流れを守ってきれいにやろうという意識になってしまうのです。

私のケースと同じように、普段のコミュニケーションで、

「想定通りの流れで進めたい」「言おうと思っていたことをすべて言いたい」

という思いが強くなってしまう人も多いのではないでしょうか。ただ、その意識に縛《しば》られすぎることは、魅力的なコミュニケーションから遠ざかることになってしまう場合があります。

阿川佐和子さんがビートたけしさんにインタビューをなさったときのことです。

当時のたけしさんはバイク事故から復帰された直後でした。たけしさんが盛んにおしぼりを使うのを見て、阿川さんが何気なく「おしぼりはいつもお持ちなのですか？」と聞いたところ、実はまだ顔にしびれが残っていて、おしぼりでぬぐわないと涙が出続けてしまう、というお話をしてくれたそうです。元々聞こうと思っていたことに固執せず、目の前の気になったことや自分のアンテナに引っ掛かったことを大事にしたことで、普通は聞けないたけしさんのエピソードを引き出すことができたのです。

私自身の経験でも、インタビュー中に脱線したときほど終わった後に、いい話ができた、楽しかったと言ってもらえることが多いような気がします。話し手が思ってもいなかったことや、うまく言語化できていなかった言葉が引き出せたとき、インタビュアーとしての喜びもひとしおです。また、そういったときはインタビューの受け手も会話そのものを楽しんでくれていることが多いと感じます。

仕事上のコミュニケーションでも、普段の会話でも、これを話そう、あれを聞こうと流れを決めつけるのではなく、その場で興味を持った内容や、思いついたことを大事にしてみてください。脱線したときのほうが、より大きな楽しみや驚きを相手と共有することができ、いい関係性を築くことができるように思います。

❖事前に想定した流れに縛られず、その場で思いついたことを大事にする

自分の「失敗」を楽しく話せる人が愛される

「会話が魅力的な人」と一口に言っても、何に魅力を感じるかは人それぞれかもしれません。ただ、私が魅力を感じる人にはある共通点があります。それは、「自分の失敗談や苦労話を楽しく伝えられる人」です。

雑誌の連載で毎月、経営者の方に取材をさせていただいていますが、これまでお会いした経営者の方々が、過去の失敗や苦労について楽しそうにお話をされる姿は印象的でした。

P&G出身で、大阪のユニバーサル・スタジオ・ジャパン（USJ）を再建したことで知られる森岡毅《つよし》さん。彼は、入社当初、「『ハリー・ポッター』のアトラクションを導入したい」と提案したところ、アメリカ人の社長に「君は会社をつぶす気か。これに失敗したら切り刻んで豚肉にしてやるぞ」と、厳しい口調で説教されたといいます。森岡さんほどのキャリアを持つ方がそんな経験をするとは、相当悔しい出来事だったと思うのですが、そのことについて森岡さんは、「ピッグ（pig＝豚）ですらなく、ポーク（pork＝豚肉）呼ばわりでした（笑）」と面白おかしくお話しされていました。

トースターや扇風機で有名なバルミューダの寺尾玄さんは、まだ会社が軌道に乗っていないころ、「これだ！」と確信して作った新作の扇風機をトランクに入れて持ち運び、お笑いのライブ会場で出待ちをしていたそうです。『アメトーーク！』に出演している家電芸人の方に番組で紹介してもらいたくて、社長自ら自社の商品を売り込むためでした。事業が拡大した今でも自分を飾ることなく、駆け出しのころに泥臭い営業をしていたことを楽しそうにお話ししてくださったのが印象に残っています。

どうして失敗談や苦労話を楽しく伝えられる人に魅力を感じるのでしょうか。

その理由は、何よりも、本人がつらかったり苦しかったりした経験を消化し、受け入れていることが伝わるからだと思います。もし受け入れられていなければ、楽しい話として人に伝えることは難しいはずです。失敗や苦労をしてきたことを否定せず、自分の一部として話せる人には器の大きさを感じます。

また、失敗談や苦労話を伝えることには、人を楽しませたり、元気づけたりする効果があるように思います。

私が大好きなモデルの一人に、ミランダ・カーさんがいます。

少し恥ずかしい告白になりますが……私は自分の顔の目鼻が中央に寄っているところがあまり好きではありません。だから、ミランダ・カーさんや安室奈美恵さんのような顔に憧れていて、初めは彼女の容姿に惹《ひ》きつけられました。

ただ、彼女の著書を読んだとき、最初に抱いていた華やかな印象はガラリと変わりました。

彼女が駆け出しのころ、広告のキャンペーンでヨーロッパのモデル仲間と一緒に、数か月間、日本で暮らしたことがあったそうです。みなお金がない中での共同生活だったため、自分が買って冷蔵庫に入れておいた食べ物がいつのまにかなくなっていたり、洋服を勝手に使われていたり……。そんな経験をして彼女は「自分一人のスペースは必ず

必要だ」と強く思ったといいます。また、

「モデルとして成果が出ていなかったころは、モデルの仕事をしていることが恥ずかしかった」

「肌の色が原因でオーディションに落とされたことがある」

ことを知り、彼女のような美しい人でも苦しい経験をしているのだと、励まされるような気持ちになりました。天性の才能だけでスーパーモデルになったのではなく、その陰に多くの苦しみや努力があったことを知り、勇気づけられたのです。

自分の失敗談や苦労話で人を楽しませ、勇気づけられる人は、間違いなく多くの人に愛されると思います。

❖自分の失敗を受け入れ、楽しく人に話す

❖自分の失敗談や苦労話で人を勇気づける

一流の人ほど緊張する

「経験が浅いころよりも、長く続けてきた今のほうが、本番前に緊張するんだよね」

これは芸歴40年を超えるタモリさんがおっしゃった言葉です。

さんまさんもそうですが、何十年もキャリアがある方ほど、「慣れてきたときの怖さ」に敏感な気がします。うまくいくと思っていたのに失敗したり、見ている側のハードルが徐々に上がっていったりする経験を積み重ねているからかもしれません。

お二人に比べたら子どものようなキャリアの私ですが、緊張に苦しめられることがあります。バラエティ番組は出演者との自然なやりとりが中心なので比較的リラックスして臨めますが、苦手なのは、かしこまった雰囲気の会場で司会をするときです。スーツ姿の方が何百人といるのを目の前にすると、手が震えるほど緊張してしまいます。

人前で話すときの緊張には、どのように対処したら良いでしょうか。

よく言われることで私も実践しているのは、大勢の人の前で話すときは「リアクションの良い人」を見つけることです。あまり反応がなく、ツンと座っている人を見ていたら誰しも緊張してしまうと思います。大きくうなずいてくれたり、感情を表面に出してくれたりする人を見つけて、その人に語りかけるつもりで話すのです。

もう一つの対処法としては、その日の合格ラインを自分で決めておくというやり方があります。私は、どうしても緊張してしまうときは「一言目の挨拶を元気にできたら今日はそれでよしとしよう」と考えるようにしています。こうして低い合格ラインを持ちながらどんどん場数を踏んでいくことで、緊張にとらわれすぎる時間は短くなっていくと思います。

また、緊張しやすい人の特徴として、「自分に対して厳しい」「理想が高すぎる」ということがあるように思います。

理想の状況を想定することで、その反動として「こうなったらどうしよう……」と心配する気持ちが強まり、緊張が生まれているのではないでしょうか。もちろんその意味では、緊張しやすいということは成長を望んでいるということでもあり、まったくのマイナスというわけではありません。ただ、緊張によって本来の自分が出せなくなってしまうのなら、目の前のハードルを少し下げてみてはいかがでしょうか。

　そして、本番が近づいたら、緊張しないようにしようと考えるのではなく、「緊張しても良い。緊張感が少ないほうが危険な場合もある」と考えてみましょう。タモリさんのような達人でも緊張するのです。完全に緊張をなくそうとするのではなく、ほど良い緊張感を持ちながら会話に臨んでみてください。

- ❖大勢の前で話すときは、リアクションの良い人を見つける
- ❖確実にクリアできる合格ラインを決めておく
- ❖会話の達人も緊張することを思い出し、緊張を完全になくそうとしない

「会話のセンス」を身につける方法

私は子どものころ、アトピー性皮膚炎の症状がひどく、外出するのが億劫《おっくう》でいつも家でテレビを見ていた時期がありました。『とんねるずのみなさんのおかげです』『笑っていいとも！』『笑う犬』シリーズなどフジテレビのバラエティに夢中で、大好きになったキャラクターがたくさんいます（『笑う犬』シリーズの小須田部長が実在の人物だと知り、フジテレビの局内で実際にお会いできたときは本当に感動しました！）。バラエティ番組が好きすぎて「こういうときは3回目で落とすんだな」とか、「私だったらここではこう言うのにな」などと考えながら見ていたので、実際にバラエティ番組に出演したとき、テレビにかじりついて見ていたことが役立った気がします。

私が通っていた音大の先生は、

「歌がうまくなりたかったら、うまい人の隣で歌いなさい」

とよく言っていました。うまい人の声を隣で聞くことで、耳が正しい音階を覚え、自然と歌がうまくなっていくのです。同じように、アナウンサーの仕事をする上でも、上手な人の近くで話し方を観察し、シミュレーションすることが大いに役立ったように思います。

実は、アナウンサーは他の番組を見る機会があまりありません。勤務が不規則なことも多いですし、オンエア前後の打ち合わせや反省会など拘束時間も長いので、なかなか他の番組を見る時間を確保できないのです（たまにフジテレビ時代の後輩と話しても「すみません、加藤さんの出演する番組、全然見ていません」という子が多いです笑）。

だからこそ、共演できた人たちの会話を良く聞き、現場でも頭の中でシミュレーションすることを怠《おこた》らないように心がけてきました。ある特番で高島彩さんとご一緒したとき、進行のセリフや仕切り、タイミングなど、「私ならどうするだろう？」と頭の中で答え合わせをしながら見ていたところ、いくつかの共通点を見つけることができました。自分のやってきたことは間違いじゃなかったとうれしくなったのを覚えています。

「会話がうまくなる」ことについても、あなたの身近にいる会話のセンスのある人を思い浮かべ、その人の「隣にいる」ことから始めてみると良いと思います。そしてその人との会話に参加しながら、「こう言ったらどうなるだろう」「次はこう言ってみよう」とシミュレーションしてみてください。

また、会話のセンスのある人が周囲にいないという方には、テレビを見ることをお勧めします。テレビは、達人たちのトークの中でも優れた部分を見ることができる贅沢《ぜいたく》な教材だと思います。テレビを見て笑いながらも、「自分だったらこう言う」と考えることは、会話のセンスを身につける格好の訓練になると思います。

❖会話のセンスのある人の隣にいるようにする

❖優れた会話を聞きながらシミュレーションをする

テレビに映らない安住紳一郎さんのすごさ

テレビを見て会話を学ぶというお話に加え、魅力的な人に直接会うことで学ぶことができるというお話もしたいと思います。

『新・情報7daysニュースキャスター』という番組をテレビで見ていたときのことです。この番組は安住紳一郎さんが編集長、ビートたけしさんがフリージャーナリストという設定で、様々な時事問題を考察していく構成なのですが、あるとき、たけしさんの発した言葉を安住さんが完全にスルーして「はい、次の話題です」と進行して大きな笑いが起きました。たけしさんの発言を一切フォローせず流したのも驚きでしたが、もしかすると安住さんの対応には、別の意図があったのかもしれないと感じました。

みなさんもご存知の通り、たけしさんは本当に知識量のすごい方です。番組をご一緒したときも、ペンギンの習性を詳しく教えてくださったかと思えば、次のVTRでは歌舞伎の歴史やエピソードについて熱く語るといった具合でした。そういうわけで、たけしさんは、番組で取り上げるほとんどすべての話題について、ものすごくしゃべります。収録中にスタッフの方から、

「これ以上たけしさんに話を振らないで」

という指示が出てしまったこともあるほどでした（ただ、そのときたけしさんは空気を察知し、「おれがしゃべりすぎたから振らなくなったのか？」と笑いに変えてしまったのですが笑）。

話を戻しますと、安住さんは進行上、次の話題に移りたい状況だったので、あえてたけしさんをスルーし、笑いを取りつつ次のテーマに移ったのかもしれません。テレビを見ている限りは「安住アナ、相変わらず面白い」となりますが、現場にいた番組スタッフの方々は「助かった……」と感動していた可能性もあります。

仕切りがうまいと言われているアナウンサーはたくさんいますが、出来上がった番組を見るだけではあまり違いは分かりません。危うく問題が起きそうだったけれどアナウンサーの機転で切り抜けた、という状況は現場の人しか知らないので、「仕切りがうま

い」という評価は、実は視聴者ではなく制作の人の視点なのです。

もしあなたが「この人のコミュニケーション能力はすごい」と感じる人がいたら、ぜひ実際に会ってみることをお勧めします。番組収録の観覧席に行けば、オンエアされていないアドリブの会話やその人の仕草、呼吸など、テレビでは伝わらない多くの部分を見ることができます。また芸能人に限らず、自分が魅力的だと感じている人と直接会うと、その人の持つ雰囲気や周囲の人への気遣いの仕方など、様々な情報が得られると思います。ぜひ直接会ってその人の魅力に触れてみてください。

❖直接、見聞きして学ぶ

「目を見て話す」にこだわらない

テレビで活躍している方々のお話をすると、

「自分はあんな風にコミュニケーションが取れそうもない」

と不安に感じてしまう方もいらっしゃるかもしれません。

もちろん、本書でお伝えする達人たちのような会話力がすぐに身につくわけではありません。自分の普段のコミュニケーションを振り返り、成長するきっかけにしていただければ少しずつ近づいていけると思います。また、「これができなければだめだ」とか「こう言えない自分はだめだ」といった風に自分を縛ってしまうと、そのことが不自然さを生み、会話自体を楽しいものではなくしてしまいます。いいコミュニケーションの前提は、「自然な自分を出せている」ことだと感じます。たとえば、

「会話では、必ずしも相手の目を見て話す必要はない」

と言ったら驚かれるでしょうか。

もちろん、相手の目を正面から真っすぐ見つめて自信満々に話すことも大事かもしれません。ただ、「相手の目を見て話すのが苦手」な人がいると聞いたときに思ったのは「無理して相手の目を見る必要はないのでは?」ということでした。

ある番組で、日本で大人気のバンドメンバーにインタビューをしたときのことです。バンドのメンバーの中に、インタビューなどではとても口数が少ないことで有名な方がいました。ライブのMCなどでもめったに話さないそうで、スタッフの方からも「多分しゃべらないと思いますよ」と言われていました。ところが、その日はスタジオや他のメンバーの雰囲気が良かったからか、発表した曲に対する思いや制作に関するエピソードなどをしっかりと話してくれたのです。制作スタッフの方も「あ! ○○さんがしゃべった! すごい!」と驚いていたほどです。その方は私と目を合わせてはくれませんでしたが、まったく気になりませんでした。目が合っていようがいまいが、一生懸命話そうとしてくれていること自体が純粋にうれしかったのです。

「話すときは相手と目を合わせなければいけない」と自分を縛りすぎて言いたいことが言えなくなったり、余計にドギマギしてしまったりするぐらいなら、下を向きながらでも素直に話した方が相手に好印象を与えると思うのです。「シャイだと思われたらどうしよう……」と不安になるかもしれませんが、思われても良いのではないでしょうか。もし自分が実際にシャイであるならそのことを隠す必要はないと思います。シャイであることもその人の魅力の一つになり得るからです。

目が合うか合わないか、ではなく、お互いが伝えたいことを伝えられるかどうかがコミュニケーションで大事なことだと思います。「明るく、ハキハキと話さなければいけない」「常に笑顔を絶やさないようにしなければいけない」というような、「〇〇しなければ」というプレッシャーを自分にかけるのではなく、相手を知り、自分を知ってもらうということを意識すれば自然と楽しい会話が生まれるように思います。

❖「〇〇しなければ」と考えて自分を縛りすぎない。相手を知り、自分を知ってもらうことを大事にする

コミュニケーションは「先攻」だけじゃない

「自分はコミュニケーションが苦手だ」と感じている方には、もしかすると「コミュニケーションは自分から発信すること」という思い込みがあるのかもしれません。だから、沈黙を前にすると「間を埋めるために何かを話さなければ」と焦ってしまい、逆にぎくしゃくするという結果を招いてしまうように思います。

無理に話しかけようとすることよりも大事なのは、「相手を観察する」ことだと感じます。

たとえば、初対面の人との会話で沈黙が生まれた場合、その沈黙が気まずい気がして、とにかく話して間を埋めようとする人もいるでしょう。ただ、そのとき、相手は本当に話したそうにしているでしょうか。

もしかしたら相手は会話をしたいと思っていないかもしれません。ショップや美容室で「今はそっとしておいてほしいんだけどな……」と思っているときに無理やり会話を始めようとする店員さんのようになってしまうのは考えものです。何か話さなきゃ！　という思いはいったん置いておいて、相手の視線や姿勢、雰囲気などに気を配ってみてください。そうやって観察することで、もし会話が始まったとしても、自然な流れでやりとりが進んでいくものだと思います。

『カトパン』が始まったばかりのころ、番組に出演してくださったくりぃむしちゅーの有田哲平さんからこんなアドバイスをいただきました。

「無理に面白いことを言おうとするよりも、ニコニコ笑顔でいることのほうが大事だよ」

番組経験の少ない私が何か成果を出そうと焦って話すことは、視聴者の方に違和感を与えてしまうと有田さんは気づいていたのだと思います。

私は、有田さんのこの言葉に勇気づけられ、「まずは、与えられた役割をきっちりこなそう」と意識を切り替えることができました。

心地良いコミュニケーションで大事なのは、「話す」ことよりも「自然さ」だと思います。必ずしも自分からボールを投げる必要はないのです。そして自然な流れに乗れたとき、ふと自分の口から漏《も》れるようにして出た言葉に、相手もきっと心地良さを感じてくれるはずです。

愛されるヒント 09

❖間を埋めるために無理に話そうとしない。相手を観察し、相手に委《ゆだ》ねる姿勢も持ちつつ、自然な流れで会話をする

面接が楽しくなる考え方

「入社試験の面接」も、人生の方向性を決める大事なコミュニケーションの一つだと言えるかもしれません。

アナウンサー試験は新卒採用の中では最初に行われるので、私は多くの会社を受けたわけではないのですが、面接での受け答えと普段のコミュニケーションには共通点があった気がしています。あるテレビ局の面接で志望動機を聞かれたので、

「人とコミュニケーションを取るのが好きなので、向いていると思いました」

と何気なく答えたところ、面接官の方がこんな風におっしゃいました。

「私は、何十年もアナウンサーをやってきて向いているだなんて思えないのに、どうしてそんなことが言えるの？」

そのとき、私が返したのは次の言葉でした。

「そうですよね……すみません」

この話を友人にしたところ、「圧迫面接だったんじゃない?」と言われたのですが、そのときは面接官の方がおっしゃることももっともだと思いましたし、その後も楽しく自然体で会話をすることができました。

どうして自分が面接を楽しむことができたのだろうと考えると、その根本には、

「この場があることが有《あ》り難《がた》い」

という思いがあったからだと感じています。

アトピーの症状がひどかったころは、学校に行きたくない、人に見られたくない、ゆっくり寝ることもできないといった状況でした。クラスメイトからも気持ち悪がられ、なぜ、こんな風にどうしようもないことで嫌われなければいけないんだろうと悲しくなったこともあります。顔や首など人から見えるところに一番症状が出ていた小6と中2のころは、学校に行くとき以外は家から出られませんでした。街を歩いていて、ふと窓ガラスに自分の姿が映り込んでしまったら、症状が出ている自分の顔を見て傷つくことになるからです。そんな不安がいつもあったので、ずっと家でテレビを見ていました。だから当時は、これがしたい、あれがしたいという気持ちもなく、普通に生活したい、と

いうのが一番の望みだったのです。

そんな状況を経験した私にとって、アナウンサー試験を受けられるということや、そもそも人と楽しく会話ができることはうれしくて仕方がありませんでした。人とコミュニケーションを取ることが楽しいのも、そのベースに、「こうやって人と話せる時間は有り難い」という思いがあるからなのだと思います。

コミュニケーションが苦手だ、という方は、「人と会って話せる」場が実はすごく貴重であることを思い出してみてください。そのとき、目の前の相手やその状況に対する愛情が生まれ、いつも以上に楽しみながら会話ができると思います。

❖人と話せる場があることに、感謝する

Chapter

2

なぜ、あの人は愛されるのか

職場や学校、プライベートなど、
様々な場面でのコミュニケーションを
向上させたいという動機の奥には、人から好かれたい、
愛されたいという思いがあるように感じます。
職場の同僚や上司から愛されれば、
仕事はストレスが少なく円滑に進むと思います。
家庭でパートナーやお子さんから愛されれば、
深い幸せを感じながら
日々の生活を送ることができるでしょう。
テレビの世界で長く活躍する人は、
「多くの人から愛されている人」
だと言うことができると思います。
もちろん、その人たちが愛される理由は、容姿や演技力、

歌唱力など、「個性」を抜きにしては語れません。
ただ、どれだけ優れた能力を持っていても、
「感じが悪い」「会話が魅力的じゃない」
という印象を持たれてしまうと
ずっと見ていたいと思ってもらうことは
難しいように感じます。

この章では、
私がお会いした魅力的な方々について
感じたこと、学んだことをお伝えしていきます。
普段のコミュニケーションを振り返りながら、
自分が「できていること」と「できていないこと」を
意識して読んでいただけたらうれしいです。

タモリさんがスタッフに慕《した》われる理由

部下や後輩といった、自分が指導する立場の人とのコミュニケーションに頭を悩ませている方も多いのではないでしょうか。強く言いすぎると問題になってしまったり、かといって甘く接しているだけでは仕事が進まなかったり……。

私がお会いした中でも、こういったコミュニケーションが特に素晴らしくて感動したのはタモリさんでした。

『笑っていいとも！』のADさんはみな、タモリさんのことが大好きでした。

ただ、ADさんはタモリさんと接する機会が多いというわけではありません。特別な機会は、年に1回、タモリさん主催の親睦旅行があるぐらいです。『笑っていいとも！』のスタッフ総出でフジテレビの保養所に出かけるのですが、そのときもタモリさんは口数が多いわけではなく、ADさんに対して意識的に話しかけるということもありませんでした。

ではなぜ、タモリさんは慕われるのでしょうか。

『笑っていいとも！』の番組中に『曜日対抗！　いいとも選手権』というコーナーがあったのですが、いいとも選手権はスタッフが誰でもネタ出しできる空気があったそうです。当時、若手のADさんが企画を出すと、どんなにうまくいかなそうなネタでもタモリさんは、

「お前がやりたいと言うならいいよ」

とOKを出してくれたそうです。そうすると、企画を提案した人は、

「タモさんに恥をかかせてはいけない」「タモさんのために頑張ろう！」

とモチベーションが上がります。もちろん、タモリさんはどんなネタが上がってきても必ず場の雰囲気を面白くし、番組を成立させてしまうわけですが、信じて任せてくれたことにADさんはとても感謝して、次の企画につなげていったそうです。こうしたタモリさんの懐《ふところ》の深さが優秀なスタッフを育て、『笑っていいとも！』は32年に及ぶ長寿番

組になったのだと聞きました。出演者として参加していた私から見ても、タモリさんは現場で細かい指摘をするようなことはせず、スタッフの方々が自分の力を出し切れる場を作ることを大事にされているように感じました。

こうしたタモリさんの姿勢は、後輩や部下への接し方として本当に素敵だと思います。

❖後輩や部下が、伸び伸びと仕事ができる「場」を作る

人の失敗を美しくフォローする

人への「気遣い」について考えるとき、イギリスのヴィクトリア女王の有名な逸話を思い出します。

食事会で、フィンガーボウルの使い方を知らない来客がボウルの水を飲んでしまったとき、女王は間違いを指摘せず、同じようにボウルの水を飲みました。

これは、来客の自尊心を傷つけないための気遣いですが、様々な場面で同じような気遣いを求められることもあると思います。私の経験でも、こんなことがありました。

ある生放送の番組で、終了間際にベテランの司会者の方が番組を締めようとしました。放送時間はまだ1分以上残っていたのですが、その司会者の方は時間を間違えて把握していたのです。生放送で、しかも一度トークを収束させてしまってからの1分間はとてつもなく長いです。そして、現場にいた誰もが、その司会者の方が時間を間違えていることに気づきましたが、どうしていいか分からず戸惑っていました、すると、番組の出

演者だった関根勤さんが機転を利かせ、

「でも、ですよ?」

と番組の振り返りを始めたのです。

このきっかけから始まった会話を続けるうちに、司会者の方も自分の間違いに気づき、軌道修正していくことができました。

もしあのとき、番組に参加していた私が「あと1分ありますね」という風に間違いを指摘していたとしたら、司会者の方に対する視聴者の見方も違ってきてしまったと思います。関根さんが間違いには触れず、自然に会話を続けるように持っていってくださったことで、その場にいた全員に一体感が生まれ、番組は盛り上がったまま終了することができました。

相手の自尊心を傷つけることなく、さりげなくフォローすることはとても難しいですが、それができれば、周囲にも本人にも気持ちの良さが残ります。このときの関根さんがなさったような「さりげなさ」を含んだ気遣いこそが、魅力的なコミュニケーションなのだと感じます。

❖間違いや失敗を指摘するのではなく、さりげなく軌道修正する

マツコ・デラックスさんの「空気を変える力」

人をフォローするとき、「出来事への解釈を変える」というやり方があるのだと気づかされたことがあります。

あるバラエティ番組で、女性タレントさんが自身の恋愛遍歴を語る場面がありました。その方は、過去に妻子ある男性と付き合っていたというお話をしたのですが、不倫問題が世間を騒がせていた時期でもあり、スタジオは騒然となりました。観覧客の方たちにも、その女性タレントさんを責めるような空気が流れていた気がします。

ただ、状況を詳しく聞いてみると、出会った当初、相手の男性が結婚していることを隠していたということが分かりました。すると、マツコ・デラックスさんが口を開きました。

「だったらしょうがない」「それは不倫じゃない」

その瞬間、スタジオの雰囲気が和らぎ、安心して話を聞ける空気になったのです。マツコさんの言葉には、女性タレントさんの見え方がマイナスにならないように配慮する優しさと、その場にいる人たちが話を気持ち良く聞ける雰囲気を取り戻すという絶妙な効果がありました。

ビジネスでもプライベートでも、会話の魅力的な人はこういった形でうまく相手をフォローする場面をよく目にします。

たとえば仕事でミスをしてしまった同僚に対して声をかけるとき。ミスしたことに触れて慰めるのではなく、

「最近、仕事を抱えすぎているんじゃない？」

と言うことで、「普段のあなただったらこんなミスはしないはずなのに」というこちら側の解釈を伝え、相手をフォローすることができるかもしれません。

失敗したときや悩んでいるときは、誰しも視野が狭くなりがちです。

そんな人に対して、出来事の解釈によって新しい視点を提供したり、一方に偏《かたよ》りがち

な空気を変えたりできる人は本当に魅力的だと感じます。

❖出来事を前向きに解釈し、相手の気持ちを上向かせる

「分からない」と言える人は愛される

フジテレビに入社したばかりのころの私は、「分からない」と言えない人間でした。仕事で分からないことがあっても、「ああ、はい」という感じで知っている素振りをしてやり過ごしていたのです。ニュース原稿に出てくる用語の意味や漢字の読み方が分からないときは、周りに気づかれないようにこっそり検索していました。それぐらい堂々と調べればいいのですが、当時は妙なプライドがあり「一般常識がない子だ、漢字も読めないんだ」などと周囲に思われるのが怖かったのだと思います。

それが間違っていたことに気づいたのは年次が上になり、後輩のアナウンサーたちが入ってきてからのことです。彼ら・彼女らは素直な子が多く、たとえば「さっき20秒の受けがあって、こう言っちゃったんですけどこっちのほうが良かったですか？」という風にちゃんと疑問点を聞ける子たちでした。後輩を育てる立場の私にとって、そういった態度はすごく好ましく思え、自分の入社当時のことを思い出しながら「自分を良く見せようとする必要なんかなかったんだ」と考え直したのです。できない自分を受け入れ、「知識がないので分からないのですが、一生懸命頑張ります」という素直さを持つことで、周囲の人たちもサポートしてくれるのだと思います。

2018年に放映された『ブラックペアン』（TBS系）という番組で、演技の仕事を経験したときのことです。初めての連続ドラマの現場で演技の素養もありません。ただ、新入社員時代を反省した私は、自分を良く見せようとするのではなく、一から頑張ろうと決めました。

その姿勢を認めてくれたのか、撮影に入ったばかりのころ、俳優の内野聖陽さんが声をかけてくれました。私に与えられたのは、主演の二宮和也さんが演じる外科医を担当するちょっとミステリアスな治験コーディネーターの役だったのですが、内野さんは演技についてこう教えてくれました。

「この役は腹に何か抱えていないと薄っぺらくなる。小手先でこう動く、ああ動くとかじゃなくて、腹の中に何を抱えているかが表情で出るからね。『そういえば、アナウンサー上がりの子が出てたねー』で終わっちゃうのは悔しいでしょ？」

もちろん演技の経験がほとんどない状態だったので、内野さんの言葉をすべて理解できたわけではありません。ただ、「ちゃんとセリフを覚えて、周囲の人の足を引っ張らないように」といったことばかり考えていた私はこの言葉に支えられました。

新しい職場や組織では、自分がその仲間の一員として認めてもらうまでには、大変なことも多いはずです。でもその第一歩になるのは「分からないと言える」ことなのだと思います。初心に戻って取り組んでも、自分が今まで積み上げてきたものがゼロになるわけではありません。つまらないプライドに縛られていたら、せっかくの成長の機会を逃してしまうことになります。

また、ドラマでの出来事は、自分が教える立場になったときどう振る舞うかについても考えさせられました。

たとえば「分からないです」と言う人に対して、その人の自尊心を傷つけてしまうような言い方をする人もいるでしょう。そういった姿勢は「分からない」と言えない環境を作ってしまうことにもなりかねません。「最初だからしょうがないよ」と言ってくれたり、力を合わせる仲間として対等に会話してくれたりする人が一人でもいたら、雰囲気は一変すると思います。

❖分からないことは、素直に分からないと言う

❖部下や後輩が「分からない」と言える雰囲気を作る

有働由美子さんはなぜ愛されるのか

女性アナウンサーで魅力的な方はたくさんいらっしゃいますが、その中でも特に素敵だと感じるのは有働由美子さんです。

複雑な状況が絡んだニュースを視聴者目線で分かりやすく伝えたり、親しみやすい雰囲気で笑いを誘ったりする（ときには自分の脇汗を見せてしまうという……！）有働さんの登場後は、女性アナウンサーに対するイメージも大きく変わったように感じます。

有働さんは２０１８年に27年間務めたＮＨＫを退局され、フリーのアナウンサーになられました。

お互い局アナだった時代はなかなかお会いする機会がなかったのですが、ご縁があってお食事をご一緒することができました。キャリアについての貴重なアドバイスもいただきつつ、過去の恋愛などざっくばらんなお話をすることもでき、知的でありながら温かな人柄というイメージ通りの方でした。

ちなみに、有働さんが『紅白歌合戦』の司会を務められた際は、カンニングペーパー一切なしで、50組以上のアーティスト、曲名、進行……すべてを暗記して臨んでいらっしゃったそうです。

そういったストイックな姿勢を持ちつつ、柔らかさやユーモアも併せ持っているからこそ、老若男女に愛されるのだと思います。

フリーになってしばらくしたころに、有働さんとメールのやりとりをさせていただいたことがあります。そのとき、世間的には私への風当たりが強い時期だったこともあり、「周りからもいろいろ言われてしまって大変です……」と送ったところ、こんな返信がありました。

「誰がそんなことを言っているの？　私の耳には全然届いてこないよ」

「周囲の声なんて気にしないで」という言葉をかけてくれた人はいましたが（もちろんそういった言葉にも励まされたのですが）、有働さんのドンと構えた力強い言葉に、深く励まされました。

魅力とは柔らかさと強さの二つの軸を持つことだと、有働さんを見るたびに感じさせられます。

❖ギャップになる二つの軸を持つ

羽鳥慎一さんは「言わない」

有働さんの魅力については『ビートたけしの私が嫉妬したスゴい人』という番組でもお話ししましたが、この番組で坂上忍さんが「スゴい人」に挙げていたのが、フリーアナウンサーで同じ司会者の立場でもある羽鳥慎一さんでした。

その理由は、「羽鳥さんは主役の立ち位置なのに、絶対に主役になろうとしないこと」です。羽鳥さんは自分が司会する番組で取り上げている話題について、知っていることでも自分の口からは言わず、専門家やコメンテーターの方など、番組が盛り上がる人に話してもらうように会話を回していく技術がすごい、ということでした。この番組内で、羽鳥さんが「スタジオでいっぱいしゃべってオンエアでは一切自分が映ってないのが理想」だと語ったエピソードも紹介されましたが、これは本当に難しいことだと思います。

私自身、話すことがすごく好きなので、知っていることや思いついたことはすぐ口にしたくなってしまう性格です。しかし、コミュニケーションにおいては、「知っているけど、言わない」「分かっているけど、言わない」ことが非常に重要になる場面があります。

たとえば人から相談を受けるとき。

特に、後輩や部下から仕事の相談を受けたときなど、どうしたらいいのか、という答えを知っている場合が多いものです。そういった際は、つい答えを言いたくなってしまいますが、相手が自分で考え、自分の言葉で口にすることによって、素直に受け止めることができたり、実行しやすくなったりという面があります。自分自身の経験を振り返ってみても、人は、誰かから押しつけられたことよりも、自分で思いついて言葉にしたことのほうが行動に移しやすくなる傾向があると思います。

また、職場の会議など、大勢の人が参加するような場面でも、新人や空気をつかめていない人の発言を後押しすることで場に参加させることができたり、しかるべきタイミングでリーダー的存在の人に発言をうながすことで場がまとまったりというケースもあります。

多くの人にとって「話す」ことは気持ちの良いものだと思います。だからこそ「言いたい」という欲求をこらえ、聞き役に回ったり、言うべき人に発言を回したりすることができる人は魅力的だと感じます。

❖答えが分かっていても自分からは言わず、「言うべき人」に言ってもらう

盛っていい話、ダメな話

その場を盛り上げるために、話の内容を少し大げさにした経験は誰しもあるのではないでしょうか。最近の言葉では「話を盛る」などと言いますが、この点について大事な姿勢があると感じることがあります。

「いつもポジティブで、人を悪く言うところを見たことがないんです。だから一緒にいるとすごく元気になれる人ですね」

――実はこれ、私のことなのです(笑)。マネージャーが出版社の方に普段の私を紹介するとき、このように話してくれたそうです。もちろん、実際の私は落ち込むことも、愚痴を言うこともあります。マネージャーはある意味「盛って」くれたわけですが、この話を聞いたときはうれしくなってしまいました。

私も、人を紹介するときは、その人の素晴らしさを伝えようと熱が入るあまり、大げさに話してしまうことがあります。また、自分の失敗話をするときも、つい面白くなるほうへと話の舵《かじ》を切ってしまうことがあります。

こういった場合は、話を盛ることも許される気がするのですが、それとは逆に、「盛ってはいけない話題」があると思います。

それは、他人についてのネガティブな噂《うわさ》話や、自慢話です。

「あの人がこう言っていた」「あの人はこういう人らしいよ」といった噂話に尾ひれがつくということは、どこかで誰かが「盛って」いる可能性があります。また、自分を良く見せたくて自慢話を大きくしてしまう人もいるように思います。

盛っていい話とダメな話の違いは何でしょうか。

これは、話題にのぼっている人や、目の前の相手に対して「愛情」があるかどうかの違いだと思います。そして、誰かを傷つけたり、自分が優越感を感じたりするために話を盛ってしまう人は、他者への心の姿勢を見直す必要があるかもしれません。

第一章の冒頭でも言いましたが、自分の発する言葉の前には、「思考」や「感情」といった心があります。この心が、口元で言葉という衣裳をまとって相手に届きます。コミュニケーションの話になると衣裳の部分ばかりが注目を集めがちになりますが、どんなに良い服を着せたとしても、元となる感情が間違っていたら、心地良いコミュニケーションは取れません。言葉になる前の「心」を美しく磨くことが、最終的に愛されるコミュニケーションを生み出すのだと思います。

日ごろの会話では、話を悪いほうに盛らないよう心がけてみてください。

❖ネガティブな噂話や自慢話を大げさに話さない

「言いづらいこと」の伝え方

『ホンマでっか⁉ TV』で長く共演させていただいているブラックマヨネーズのお二人は、落とすところとほめるところのさじ加減が絶妙で、いつも感動させられます。たとえば、さんまさんが自分自身をほめるような流れが続いたら、すかさず「でもさんまさんおっちょこちょいやん！」とツッコミを入れる。逆にさんまさんが「オレらの時代はお笑いを目指す奴が少なかったから運が良かっただけや」と謙遜したら「どんな時代に生まれてもしゃべり倒してトップになってるでしょ！」とフォローする。カメラが回っていないところでも、同じように全体を見てみんなに気を配ってくれるので、スタッフの方々や関係者の間でもブラマヨさんはとても人気があるのです。

問題点を指摘したり、誘いを断ったり、といったように、相手にネガティブなことを伝えなければいけないときも、バランス感覚が要求されるように思います。相手を不必要に傷つけることなく、大事なことを伝えるのは本当に難しいですが、私も人に何かネガティブなことを伝えるときは、なるべくバランスを取るように心がけています。

あるとき、後輩のアナウンサーから相談を受けました。彼女に関する悪い噂を聞いた番組スタッフの方から「お前がこんなやつだとは思わなかった」と言われたそうなのです。確かに、噂を真に受けるスタッフの方にも非はありますが、後輩にも問題がありました。根はとても素直で勉強熱心な子なのですが、誤解を受けやすいタイプで、たとえば打ち合わせ中にスマートフォンを使ってアクセント事典を検索することがありました。本人はまったく悪気がなくても、「なんで今スマホをいじってるんだ」と勘違いさせてしまう可能性は考えなければいけません。テレビ局内には残念ながら噂好きな人もいて、新人に関する評判が回るのも早いので、なおさら考慮する必要があります。このケースでもそういった評判がスタッフの方の耳に入ったことが原因だったようです。

私に相談しに来たときも、彼女は「こんなことを言われたんです」といった調子で、反省点を見つけられていない様子でした。そのとき私は彼女にははっきりと言うべきだと思ったのですが、とっさに口から出たのは、

「あなたのこと、大好きだから言うけど」

という言葉でした。彼女に分かってもらいたいし、感情的にならず受け入れてもらいたいと思い――実際に私は彼女のことが大好きだったのですが――無意識のうちにバランスを取ろうとしたのだと思います。

その言葉の後には厳しい内容が続いた部分もありますが、彼女は私の言葉に耳を傾けてくれました。私がフジテレビを退社するときも、このときの事を覚えていてくれて感謝の言葉をくれたのは本当にうれしかったです。

プラスの感情もマイナスの感情も、一辺倒にならないように言葉でバランスを取ることができます。そして、バランスを取ろうとする姿勢そのものが相手への愛情として伝わり、言葉を素直に受け取ってもらいやすくなるのだと思います。

愛されるヒント

18

❖言いづらいことを言うときは、
プラスの部分も伝えてバランスを取る

愛されるＳＮＳの使い方

先日、フジテレビ時代の後輩に手伝ってもらってインスタグラムを始めました。ちょうど、世間でＳＮＳ疲れが話題になっていたころに始めたので、今のところ疲れ知らずなのですが（笑）、自撮りをしたら顔が半分隠れてしまっていたり、番組の宣伝でピザを撮ったらへにゃっと折れ曲がってしまっていたり、なかなか理想通りにはいかないものです。

思えば、昔からメールやＳＮＳなど直接相手の顔が見えないコミュニケーションが苦手だった気がします。ただ、これも良い機会だと、直接顔の見えないコミュニケーションについても考えるようになりました。

どうすればＳＮＳ上で魅力的なコミュニケーションができるだろうと考えたとき、思い浮かんだのが元ＴＢＳアナウンサーの枡田絵理奈ちゃんです。彼女とはアナウンサー試験のころから知り合いで、エントリーシートを見せ合ったり、試験の情報交換をしたりとお互い助け合った経験もあります。局アナ時代の彼女はスポーツの担当をしていて、とても取材熱心なアナウンサーだと業界でも評判でしたが、実はＬＩＮＥの達人でもあります。昔、ＬＩＮＥの送り方についてアドバイスをしてもらおうとしたこともあるのですが、私のあまりにそっけない文面に対して、

「綾子、もっと絵文字使いなよ」

という超基本的な教えがあっただけでした（笑）。

改めて彼女のＬＩＮＥの何が素晴らしいのか考えてみると、まるで、目の前で彼女が話しているような感覚になることだと気づきました。

具体的に言うと、

・話し言葉でやりとりしている
・会話に臨場感がある
・絵文字やスタンプで感情を表している

ということになりますが、これは、

「細かい感情や状況を文字に置き換えている」

からこそできることだと思います。

たとえば、目の前の人と話しているとき、「あ、そういえば」などとその瞬間思いついた言葉を口にすることがあると思います。私の場合、メールやＬＩＮＥでそういった言葉を使うことはありませんでした。文章は整理して書くものだという先入観があったからです。しかし、彼女は口語もどんどんＬＩＮＥの文章に書き込んでくるので、まるで目の前で話しているかのような印象を相手に与えるのだと思います。

そのことに気づいてからは、たとえば、

「昨日ほめてもらったことを思い出して、ニヤけながら打ってます」

など、これまでのＬＩＮＥでは決して送らなかったくだけた文章も送ることができるようになりました。

メールやＬＩＮＥをはじめとするＳＮＳには、魅力のあるものを繰り返し読んだり観察したりできるという利点があります。また、口頭の会話と違って時間をかけて考えることができる点でも、コミュニケーションを改善しやすいツールだと思いました。SNSでのコミュニケーションを向上させられれば、それが普段の会話を見直すきっかけにもなるので、ぜひ挑戦していただければと思います。

❖SNSでは細かい感情や状況を、文字や絵文字に置き換える

❖時間をかけて考えたり観察したりできるというSNSの利点を生かす

あなたは「言葉遣い」で判断されている

フジテレビを退社するときの送別会での出来事です。同期が私に内緒で、入社前のカメラテストの映像を持ってきてくれていました。再生してみると、「朝ご飯は何を食べてきましたか？」という質問に対して私は、

「えっとーヨーグルトとーパンと！　紅茶です！　おいしかったです！」

声の出し方も言葉遣いも幼稚で、アナウンス室のみなさんにも大爆笑され、とても恥ずかしい思いをしました。

フジテレビに入社した当初は、言葉遣いについて先輩方からかなり注意をされた記憶があります。たとえば、不適切な言葉遣いとして、

「〇〇でしたっけ」（適切な表現は「〇〇でしたでしょうか？」）

「早急（そうきゅう）」（いまはどちらの使い方も許容されることが多いですが、フジテレビでは「さっきゅう」と読むことになっていました）

「挙式を挙げる」（正しくは「挙式する」）

などがありますが、ら抜き言葉やちょっとしたアクセントなど細かいところまで指摘を受けました。仲間内でよく使うようなラフな話し言葉についても、普段の会話から気をつけていないとスタジオでも出てしまう、ということも繰り返し教えていただきました。

今でも特に気をつけているのは、つい使ってしまいがちな「ヤバい」「ウザい」「ていうか」「超○○～」「全然いい」などです。

先日、『MUSIC FAIR』という番組に、サラ・オレインさんという歌手の方にご出演いただきました。オーストラリア出身のサラさんに憧れのボーカリストについて聞いたところ、日本語でこんな答えが返ってきました。

「特定の人というより、一番憧れる声質がボーイソプラノです。一瞬しか出ないあの高い声、儚《はかな》さにすごく美学を感じる。ちょっと切なさもある、美しい楽器のような声だと思う」

とても詩的で美しい表現に感銘を受けるとともに、音楽に対して真摯に向き合うサラさんの誠実な人柄がにじみ出ているような気がしました。私の経験上、言葉遣いが美しい人は、人との距離感や振る舞いも気持ちが良い人が多いように思います。

先日、ちょうどスタッフと言葉遣いについての話題が出たのですが、「こういう言葉遣いをする人は苦手」という意見を聞いてみました。

・「お」をつけない（「お金」「お尻」「お礼」「お札」など）
・「ウザい」などのネガティブな言葉を頻繁《ひんぱん》に使う
・「切る」「使えない」など上から目線の言葉を使う……

基本的なことではありますが、会話の流れやその場の空気などでつい口にしてしまうこともあるかもしれません。

言葉遣いは、直す意識さえ持つことができれば必ず改善できるものなので、ぜひ気を配ってみてください。

❖くだけすぎた表現、ネガティブな表現を避け、
美しい言葉遣いを心がける

大御所に共通する空気の作り方

雰囲気の重い会議でも、ある人が加わるだけで空気が明るくなり、参加者が建設的な意見を出し合えるようになることがあると思います。そして、芸能界の大御所と呼ばれる方たちは、まさにそんな空気を作れる人たちばかりです。

私が入社1年目で『笑っていいとも！』の仕事を始めたばかりのころの話です。

笑福亭鶴瓶さんは、

「落語見たことないんだったら俺の寄席見においで。初心者向けで分かりやすいから」

と落語に誘ってくださいました。鶴瓶さんは落語を見たことがない人に対して分け隔てなく誘ってくださる方なのですが、入社したてで心細いときに声をかけていただけて本当にうれしかったのを覚えています。鶴瓶さんは私が話したいことがあるときに、ちょっと目が合うとニコーッとして「なんや、どうしたんや」と声をかけてくれます。ロケなどでも街の人とすぐ仲良くなってしまうのが鶴瓶さんのおなじみのシーンだと思いますが、鶴瓶さんの雰囲気の良さに、みんな心が柔らかくなってしまうのです。

内村光良さんも、いつも周囲の空気を明るくしてくださる方です。クイズ番組でご一緒したことがあるのですが、毎回の打ち合わせが本当に楽しかったのを覚えています。

たとえば、資料が配られた瞬間、突然、すごい勢いで紙をめくり始め、
内村「どうだ加藤君、早いだろう！　俺はめくるのが早いだろう！」

加藤「さすがです！」

毎回こんな調子なので、スタッフも含めて本番前の緊張感が和らいでいました。

このお二人に共通するのは、「いつも明るく温かい」ことだと思います。

ご本人がどれほど意識されているかは分かりませんが、地位が高い人の機嫌が表情や口調に出ると、周囲に与える影響も大きくなります。鶴瓶さんや内村さんの雰囲気が明るい、というだけで、スタッフの気持ちを一瞬にして高めることができます。

逆に、気分をコントロールできず、盛り上がっている場を一気に冷めさせてしまう人もいるでしょう。こういった人は、会社や家庭内の空気を知らず知らずのうちに沈ませ、周囲からの愛情を失ってしまっているかもしれません。

どうしたらいつも機嫌良くいられるのでしょうか。

その方法の一つは、「面白がる姿勢」を持つことだと思います。

嫌なことやつらいこと、気に入らないことがあると多くの人は機嫌が悪くなってしまいますが、そういったことも自分の中で面白がったり、楽しい材料の一つに変えていったりすることができれば、いつも機嫌良くいられるのではないでしょうか。

自分が気に入らないことの中にも面白さを見つけること。

そうすればいつも機嫌良く振る舞うことができ、口から出てくる言葉も、表情も、相手にとって心地良いものになるはずです。

愛されるヒント 21

❖機嫌良く振る舞うことで、周囲の人の気持ちを明るくする
❖気に入らないことも面白がる視点を持つ

オスカー俳優の素敵な気遣い

後輩とごはん屋さんに行ったとき、こんな経験をしたことがあります。

気を利かせた後輩がサラダを取り分けてくれようとしたのですが、
加藤「あ、いいよ。自分の分は自分で取るよ」

後輩「いいえ、やりますよー」

加藤「いやいや取る取る取る」

お互い気を遣いすぎて疲れてしまうという残念な状況を生んでしまいました(笑)。

もちろん場面によっても対応の仕方は変わってくると思いますが、気遣いの目的は相手が心地良くなることであって、親切を押しつけることではありません。そして、本当の気配りや気遣いに触れたとき、その人の魅力は強く印象に残ることになります。

イギリス人俳優のエディ・レッドメインさんに取材をしたときのことです。

彼は、カメラのセッティング中のスタジオで、

「いつも何時起きなんですか？」

と私たちスタッフに声をかけてくれました。私たちが早朝の番組を制作していることを知り、どんなスケジュールで働いているか興味を持ってくれたのです。エディさんは、『博士と彼女のセオリー』という作品でホーキング博士の役を演じ、アカデミー賞主演男優賞を受賞されています。私は元々彼の出演作をよく観ていたのですが、実際にお会いすることでますます魅了されました。

収録が始まる前に私たちを気遣って声をかけてくださっただけでなく、収録中も終始にこやかにインタビューに答えていただけました。また、エディさんはお子さんが生まれる直前だったので、私たちは日本の「ガラガラ」をプレゼントしたのですが、それを使って赤ちゃんの人形をあやしてもらうという無茶ぶり（エディさんのマネジメント会社からは難しいと言われていたのですが……）にも嫌な顔一つせずに応えてくださったのです。

収録が終わった後も紳士的な対応は変わらず、お帰りになるときも「本当にありがとうございました」と丁寧におっしゃって、さわやかに去っていきました。一つ一つの仕草が礼儀正しく、本当に素敵な方だと感動しました。ハリウッド俳優の方が来日するときはいつも取材が殺到し、非常に多忙な中でインタビューが行われますが、そんな状況でも素敵な振る舞いができるのは、いつも相手が気持ち良く過ごせるように心がけているからだと思います。

普段は優しく対応できていても、忙しさで余裕を失っているときにそういった対応をするのは難しいものです。どんな状況でも周りを気遣い、楽しませられる人は、本当に魅力的だと感じます。

❖余裕を失いがちなときほど、
相手への気遣いや礼儀正しさを大事にする

40年以上愛され続ける人が持っているもの

テレビ業界は、目まぐるしく人が入れ替わる場所だということは否定できません。毎年、新たな人が登場しては人気者になっていくので、長く愛され、活躍し続けることはとても難しいことだと思います。

そういった中で、何十年もの間、愛され続ける人たちがいます。そして、長く愛される人たちに共通する姿勢が「遊び心を持って仕事を楽しむ」ことであるような気がします。

先日、『MUSIC FAIR』の収録前に、さだまさしさんの楽屋にご挨拶に伺《うかが》ったところ、『あ、さだ飴』という商品をいただきました。ライブ会場で配っている『浅田飴』とのコラボレーション商品だそうですが、さださんのユーモアと人柄がにじみ出ているように感じて思わず噴き出してしまいました。

また、さださんは、なかなかコンサートを見る機会がないファンの方々のために、日本全国の離島を巡るツアーを行っています。そのツアーの名前は「ひまつぶし」をもじった「全国しまつぶしコンサート」というのですが、すごく楽しそうにネーミングの由来を語る姿がとても印象的でした。

さださんは40年以上音楽活動をされていて、日本でもっとも多くのソロ・コンサートを行った歌手とも言われています。私はアナウンサーになってまだ10年ちょっとですが、仕事に対して新鮮な気持ちを持ち続けることの難しさを感じることもあります。だから、さださんのような大ベテランの方が、常に新たな気持ちと遊び心を持って仕事に取り組み続けていることに感動します。そして、さださん自身が誰よりも楽しんで音楽活動をしていることが分かるからこそ、ファンの方々もさださんを愛し続けているのだと思います。

「楽しむ」という点ではTHE ALFEEのお三方もとても印象的でした。『MUSIC FAIR』で歌った曲に対して「なぜこの曲を選んだのですか」とおたずねしたら、

「誰が選んだんだよ」
「何でこの曲にしたんだろうな」
「知らねーよ」

と、お互いツッコミ合っているのです。3人は高校時代からのお知り合いだそうですが、まるで男子高校生の放課後の会話のような雰囲気でした。3人で活動をすることが楽しくてしょうがないという感じが伝わってきて、こちらまで楽しくなってしまいました。

その人が、遊び心や楽しむ姿勢を持っているかどうかは、会話のほんのちょっとした部分に現れるような気がします。

たとえば遊び心のある人は、空気の重い会議を一言の冗談でリラックスさせてしまったり、思いもよらない発想で盛り上げたりすることができます。また、大勢の前で話すときや緊張する相手とのやりとりでも、楽しもうという姿勢を持っていれば、コミュニケーションにも余裕が生まれてくるはずです。

自分が余裕を失っていると感じたときこそ、「遊び心」や「楽しむ姿勢」といった、いい意味での緩《ゆる》さを持つことが、長く愛されることにつながるのだと思います。

❖会話に遊び心を取り入れる

Chapter

3

「苦手な人がいる」「居場所がない」……困った場面でどう振る舞うか

心理学者のアルフレッド・アドラーは
「すべての悩みは対人関係の悩みだ」と言いましたが、
この言葉は「すべての悩みはコミュニケーションの悩みだ」
と言い換えることができるかもしれません。
この章では、多くの人が「悩み」を感じる場面についての
お話を集めました。
「特定の人の前に出ると緊張で硬《かた》くなり、本来の自分が出せない」
「苦手な上司や部下がいる」
「陰で自分を悪く言う人に耐えられない」
「知り合いが少なくて、その場に居づらい」……
こういった対人関係の問題を前にしたときどう振る舞うかは、
コミュニケーションにおける大きなテーマです。
ただ、このテーマを扱うとき大事にしたいのは、

「『どんな場面でもこの方法を使えば必ず解決する』
という魔法のような答えを求めない」ことです。
会話の基本がアドリブであるように、
人間関係の問題も状況次第で答えが変わっていくものです。
そして、魅力的な人たちは
目の前の状況に対して粘り強く対応することで、
困難を乗り越えていることも多いように思います。
普段の生活で苦手な場面を思い浮かべながら、
これまでと違う行動を取るヒントを
見つけていただけたらうれしいです。

ダメ出しに強くなる方法

誰かに批判されたり、怒られたりしたときの振る舞い方は非常に重要だと思います。対応次第でストレスを抱え込んで仕事が手につかなくなったり、相手との関係が決定的に悪化してしまったりすることもあるからです。

番組の打ち合わせ中、立場の強い人がヒートアップして、厳しい口調で叱責することがあります。

スタッフの中には感情的になって反論し、口論してしまう人もいるのですが、『バイキング』のプロデューサーは決してそういう振る舞いをしない人でした。相手のどんな言葉でも受け止めて、「どうしたら番組を良くできるのか」という点に集中します。彼とは年齢が近いこともあってよく話すのですが、強い風が吹いてもしなやかに揺れる柳のようでもあり、芯が強い大木のようでもある人です。

どうして彼のような振る舞いができるのか考えると、最大の理由は「自分と仕事との距離をうまく取っている」ことにある気がします。

感情的になってしまうスタッフの人は、怒られたことを「自分に対する攻撃」だととらえているようでした。しかしプロデューサーの彼は、いったん自分のことは置いておいて、どうしたら仕事がうまくいくかに焦点を合わせることで、批判や指摘を改善のヒントにつなげていました。

『ホンマでっか⁉TV』や『トリビアの泉～素晴らしきムダ知識～』を手がけた演出の方も物腰が柔らかく、自分と仕事との適切な距離を保ち、全体を見渡す視点が優れている方です。私が局のアナウンサーだったとき、タレントさんにとってのマネージャーさんにあたる存在がいなかったので、自分の見え方を自分で考えなければいけませんでした。場合によっては無茶とも思える演出に従わなければならず、不安に襲われることもありました。でもそんなとき、この演出の方はまるで魔法使いのように全体を見渡していて、

「加藤、お前の役割はこれとこれだから」

とはっきり伝えてくださって、その言葉を信じて収録に臨むと、必ず良い結果が生ま

れました。全体の方向性や意図を冷静に把握して伝えてくれる人がいることは、チームのメンバーに安心感をもたらします。感情的になりやすい人をフォローするという意味でもすごく大きな存在だったと思います。

彼らのように自分と仕事とのあいだに適切な距離感を持ち、広い視点で物事を見ることができると相手の意図を理解しやすくなります。

厳しい言葉を使う人でも、ただ怒っているのではない場合が多いものです。番組に参加している人はみな、番組を良くしたいという気持ちで意見を口にします。つまり、怒っている人にも何らかの理由があるわけですが、相手の感情の出所を理解しているかしていないかでは、着地点を探る上でもまったく違う結果になると思います。

批判されたり、怒られたりしたとき、ついカッとなって言い返したくなるかもしれません。ただ、相手の言葉は、自分に向けられたのではなく、自分の仕事に向けられたものであることが多いのです。そのことを意識しながら、良い仕事のために集中すべきポイントを見定めることで、批判に強い心を育てることができると思います。

愛されるヒント 24

❖批判は自分への攻撃ではなく、仕事に対する意見としてとらえることで、動揺せず、前向きな姿勢を保つ

「自分だけのものさし」で人を弾《はじ》かない

ビジネスシーンで特に多いと思うのですが、会話するのを避けたくなる人たちが存在します。たとえば、

・自慢話ばかりする人
・いつもネガティブな人
・議論を吹っ掛けてくる人
・相手によって態度を変える人……

自分が余裕を失っているときなどは、対応するだけでも、どっと疲れが出てしまいま

す。

ただ、本当に苦手な人とは距離を置く必要がありますが、社会人として仕事をする上では、世の中には色々な人がいることを理解し、ある程度折り合いをつけることが求められる場面もあると思います。

私自身、悪い意味で潔癖なところがあり、頭では分かっていても、人を受け入れることが得意とは言えません。一つ合わないところがあると、全部合わないのではないかと疑ってしまう傾向があります。

その点で、フジテレビ時代の先輩の松尾翠さんは本当に素敵です。先日翠さんと、ある知人についての話になったのですが、その人は正直に言うと私にとっては受け入れ難いところがありました。でも、翠さんは、その人を嫌うようなことはなく、困った部分もあるけれど、良い部分もたくさんある、その人はその人として尊重する、といった雰囲気でお話をされていました。

私を含め、相手の嫌な部分を一つ見つけると、それを全体に広げてしまう傾向のある方もいらっしゃると思いますが、苦手な人の良い面を見つけることは「客観的な視点を持つ」ことでもあると、翠さんと話していて感じました。

また、特定の人に対して、「あの人が嫌いだ、会いたくない」と弾きたくなってしまったときに思い出したいのは、

「自分だけのものさしで相手を見ていないだろうか」

と問いかけることです。

たとえば、ある人に対して「いつもネガティブなことばかりを言う」と感じていたとします。しかし、その人に対して「面白い視点を持っている」と考えている人もいるかもしれません。また、私の前ではネガティブなことばかり言っていたとしても、友人や家族の前では違う雰囲気で話している可能性もあります。

相手に対して特定のレッテルを貼り、「また○○してきたからこうしよう」というようにコミュニケーションを定型化してしまうと、相手を理解することから遠ざかってしまいます。もちろん、すべての人を理解できるわけではありませんが、仕事という、色々な人が協力して一つの方向に向かう作業の中では、「自分だけのものさしで相手を見ていないだろうか」と問いかけることは、チームの成果を上げるためにも大事な姿勢だと思

います。

❖苦手な人の良い面にも目を向けることで、客観的な視点を保つ
❖苦手だと感じる人に会ったとき、「自分だけのものさし」で判断していないか振り返る

初対面のやりとりで人を判断してはいけない理由

新入社員として入社したり、職場が変わったりすると、「新しい上司」に出会うことになります。そして、新しい上司と良い関係を築けるかどうかは、その後の働きやすさを左右する重要な問題です。

この点に関して、上司ではありませんが、近い関係性で起きた印象的な出来事があります。

アナウンサーになって1年目のことです。私は秋から『笑っていいとも！』にレギュラー出演することになり、その1週間前に現場を見学しに行きました。そこで、爆笑問題の太田光さんと初めてお会いしたのですが、大きな衝撃を受けました。初対面にもかかわらず、

「女子アナになれたから、調子に乗ってるんだろ」

といった感じで、かなりきつく、しつこくいじられたからです。

もちろんびっくりしましたし「なんて失礼な人なんだろう」と思ったのですが、感情的になるのは良くないと思い「そんなことないです」とのらりくらりとかわしていました。

ただ、あとから分かったことですが、太田さんは『笑っていいとも！』に女子アナのメンバーが加わるときは、いつもそういった雰囲気のやりとりをしていたそうで、『笑っていいとも！』終了後の打ち上げでは「歴代の女子アナたちはこういう反応だった」と発表するほどだったのです。ちなみにこのときは、「加藤にはかなりきつく言ったけど、泣かなかったし響いてなかった」と言っていただけたのですが、あのとき感情的にならなくて本当に良かったと胸をなでおろしたのを覚えています。太田さんも厳しかったのは初対面のときだけで、その後はすごく温かく接していただき、私が『笑っていいとも！』を卒業するときにはご自身が出された本をプレゼントしてくださり、「頑張れよ」と激励していただきました。

この出来事以降、新しい現場や番組に参加するときに心がけるようになったことがあります。

それは、「上司が新しい部下とどんな風にコミュニケーションを取るか把握する」ということです。上司にも色々なタイプがいて、太田さんのように最初だけ厳しく接する人もいるでしょうし、逆に、あまり踏み込まず一定の距離を保つ人もいるでしょう。自分にとって、少し苦手なアプローチをしてくる人もいるかもしれません。

ただ、そこですぐに「この人はこういう人だ」と判断してしまうと、「失礼な人だ」と思い込んでしまったり、「私は嫌われているかもしれない」と勝手に解釈して関係がぎくしゃくしてしまったりする可能性もあります。

極端な反応をせず、まずは「上司のやり方を観察する」ことを心がければ、徐々に関係性が深まり仕事もスムーズに進むようになると思います。

❖初対面のアプローチの仕方だけで判断せず、時間をかけて関係を築く

「謝罪」が絆を深める

私は、フジテレビ入社1年目のとき仕事に前向きに取り組めなかったことを悔やんでおり、機会があればそのころ一緒に仕事をしてくださった方々に対して、「あのときは経験不足で、失礼な態度を取ってしまっていました。すみませんでした」と直接、謝罪の言葉を伝えるようにしています。

もちろん、謝罪は言葉だけではなく、目の前の仕事に対する姿勢や取り組み方で見せなければならない場合もあります。しかし、わだかまりをとくのに遅すぎることはなく、言葉にせずに流してしまうよりも、あのときはこういう状況でご迷惑をおかけしてしまってすみません、ということを具体的に伝えたほうが良いと思います。実際に言葉にしてみると、「大変だったよね」「そういうときもあるよ」と言ってくださる方が多かったです。また、謝罪をすることでその方たちとの信頼関係が深まるのを感じました。

フジテレビ時代にささいなことで後輩と口論になったことがあります。「ああいう言い方は良くないんじゃない？」という話をしたところ反論されて、ちょっと嫌な空気になってしまいました。彼女はそのことについて謝りたいと思っているかもしれないと感じたのですが、なんとなく謝りづらい雰囲気を察して、私から電話をかけました。「この間はごめんね」と言ったら彼女は「謝りたかったけどなかなか言えませんでした。ごめんなさい」と泣きながら言ってくれました。元々仲良くしている子だったのですが、この出来事を機に、さらに絆が深まったような気がします。

上下関係を気にしたり、どちらが折れるかということにこだわったりするのではなく、誠実な行動を取ることが最終的に周囲との信頼関係を強くしていくのだと思います。

ただ、謝罪がいつもうまくいくとは限りません。

フジテレビの在職中に、とてもお世話になった方がいたのですが、私が退職を考えていることをご相談することができませんでした。その方は社内でも影響力があり、相談することで進路が希望する方向と違うものになってしまう可能性があったからです。結局、発表の直前にご報告に伺ったのですが、その方からすると「事後報告」と受け取られても仕方のない状況で、関係性にしこりのようなものが残ってしまいました。

その1年後、局内でばったりお会いしたときにその方から握手を求められ「頑張ろうな」と声をかけていただきました。ただ、今思えば握手していただくまでの期間に、私から連絡して「あのときはこういう状況で、ご相談したかったのですが、うまくできませんでした。申し訳ありませんでした」と一言伝えておくべきだったという思いがあります。簡単にお会いできる方ではないという事情もあったのですが、お話しすることができていたら、もっと早く晴れやかな気持ちになれたと感じています。

謝罪には様々なケースがあり、「この場面ではこうすれば大丈夫」という正解が見つけづらいかもしれません。ただ、どんなときも自分の中の誠実さから目を背けずに行動し続けることで、相手の心の奥にある愛情とつながることができるのだと感じています。

愛されるヒント 27

❖時間が経ってしまっていても謝罪の言葉を伝える

❖上下関係やプライドにとらわれず、謝罪する

断るのが苦手な人へ

頼まれごとやお誘いを断るのが苦手な人が多いと聞きました。確かに私も局員時代、なかなか断れなくて悩んだ時期があります。

たとえば、上司が取引先の方と会食するので同席してほしい、といったことを頼まれることがあったのですが、朝の番組をやっていたころは午前1時起きも珍しくない生活だったので、夜の時間帯に予定を入れることを本当につらく感じていました。最初はある程度お付き合いし、勉強になることもたくさんあったのですが、自分の体力面の不安が高まっていくにつれ、

「なかなかお休みがなく、体力的につらいので、申し訳ないのですが……」

という風に正直に伝える姿勢に変わっていきました。

そして、お断りするようになってから気づいたのは、自分の置かれている環境や状況をきちんと説明して相手に共有してもらうことで、理解が得やすくなるということです。

私の後輩にも断れなくて悩んでいる子がいて、「やっと昨日は断れました」と報告の電話があったこともあります。どうしても流されてしまう人は「次にお願いされたら断る」という覚悟をあらかじめ持っておく必要があるかもしれません。「何と言われても断ろう！」と準備をしておかないと、いざ相手を目の前にして断りづらくなってしまうことがあるからです。そしてそのときは、断ることで確保した時間を何に使うのか考えておくことが大事だと思います。ただ断るだけだと相手への罪悪感が強まってしまいますが、「これをするために断る必要がある」と考えることで、大事なものを守る感覚が生まれます。

そして、断るなら、できるだけ早いほうが良いと思います。

「ちょっと考えてみます」などとクッションを挟みたくなる気持ちも分かるのですが、時間を置けば置くほど断りづらくなるものです。相手と良好な関係を保つためにも、断るという選択をすることは大事です。相手を困らせるのが嫌だからという理由で無理を続けていると、関係そのものが苦しくなってしまいます。

「こういう言い方をすれば相手を傷つけない」と表現を工夫するのも大事ですが、断るときは、「断ろうと決める」思い切りが必要だと思います。

❖断るときは、
自分の置かれている状況を説明して共有してもらう
❖「次にお願いされたら断る」と覚悟を持つ
❖守った時間で何をするのか考えておく

「居場所がない」は成長のチャンス

先日、ファッションブランド「クリスチャン　ルブタン」のイベントに出席し、海外の本社の方とお話しする機会がありました。

イベント中に通訳をしてくれていた方が別のお客さんに挨拶に行くために席を外したので、本社の方と2人きりになった時間がありました。聞きたいことはたくさんあったのですが、私は英語があまり得意ではないので戸惑ってしまい、少しぎくしゃくした空気になってしまいました。相手の女性は年齢も近く、いろいろと気を遣って話しかけてくださったのですが……そうやって気を遣わせてしまったことも申し訳なく思いました。

自分の得意でない場所、居場所が見つけられない場所でどのようにコミュニケーションを取ればいいのかは悩ましい問題です。

こういったとき大事なのは、「自分を飾ろうとしない」姿勢かもしれません。

「こう思われたかもしれない……」「この発言は失敗だったかも……」と気にすればする

ほど身動きが取れなくなります。まずは自分のやれる範囲のことに集中すべきだと思います。

たとえば、会社の重役ばかりのところに自分が放り込まれた、という場合などは、自分の感じた言葉を素直に口にしてみてはどうでしょう。なかなか言葉が思い浮かばなかったとしたら、元気よく挨拶してみるだけでもいいのです。そういった姿勢はきっと評価してもらえると思いますし、そのときのことを覚えてもらえていれば、後日、再会したとき会話が弾む可能性もあります。

今思えば、ルブタンのイベントでは、思ったことや口にしたいことは、恥ずかしがらずに片言の英語でも伝える努力をすべきでした。それが「自分のやれる範囲のことに集中する」姿勢だったと感じています。

ただ、私はこの一件以来、外国の方とコミュニケーションを取る機会を前向きに持てるようになり、英語自体はそれほど上達していませんが、話す姿勢が変わったと実感しています。

苦手な環境はストレスも大きく、対応も難しいですが、自分を大きく成長させてくれる場でもあります。焦りすぎず、飾りすぎず、自分のやれる範囲のことに集中して取り組んでみましょう。

愛されるヒント 29

❖自分の居場所がない環境では、自分を飾ろうとせず、
できる範囲のことに集中する

「安全地帯」を作れば初対面は怖くなくなる

会社員時代は特にそうだったのですが、組織の中にいると周囲からの好意的ではない声や噂話を耳にすることがあります。私自身も「あの人が加藤についてこんなこと言ってたよ」という話を聞いては不安になり、コミュニケーションがうまく取れなくなった時期がありました。噂話に限らず「周囲から自分がどう思われているか」を気にしすぎると、自然な会話からはどんどん遠ざかってしまうように感じます。

「相手にどう思われるか」が特に気になる場面は初対面だと思いますが、初対面が苦手な人は「嫌われたらどうしよう」「こう思われたらどうしよう」という感情を強く持ってしまう傾向があるように思います。相手の反応を気にしすぎると、「今の話し方は良くなかったかも……」「つまらない人間だと思われたらどうしよう……」などと細かいことまで気になってしまい、非常に窮屈なやりとりになりがちです。

テレビ番組のMCは、初対面の人と会話を盛り上げなければならない場合が多くあります。そういった方たちの共通点を考えてみたところ、「身内の人を大事にしている」ことがあるのではないかと思いました。

たとえば、所ジョージさんがご家族との時間を大切にされているのは有名な話です。所さんは自宅で柑橘類を育てていて、出来上がったフルーツは所さんがご家族の分まで皮をむいて食卓に出しているそうです。所さんが「むく係」をしていることについてご家族の方々はほとんどノーリアクションなのだそうですが(笑)、所さんはそんな役回りも楽しんでいるように思います。いつも味方でいてくれる家族がいれば、仮に誰かから嫌われたり仕事でうまくいかなかったりしたとしても、必要以上に落ち込まず、自信を持って生きられると思うのです。それは裏を返せば誰に対しても気負わない、自然なコミュニケーションができるということになります。

そういえば、番組などでご一緒する大物歌手の方などもサポートされる方の数が多いように思います。売れたり有名になったりしてくると、いいことも悪いことも色々な声が聞こえてくるので、大切な仲間の存在がより大きくなっていくのかもしれません。

自分の身に何が起きても味方でいてくれる、どんな自分も受け入れてくれる人たちが周りにいれば、初対面での対応を失敗して嫌われたらどうしようと恐れることも少なくなり、自分を必要以上に良く見せようという意識も和らぐはずです。

人の視線や考えがどうしても気になってしまう人は、自分を受け止めてもらえる安全地帯を作り、その場所を大事にすることで乗り越えられるように思います。

❖家族や友人、仲間を大事にすることで、人の反応を気にしすぎなくなる

Chapter 4

仕事力を伸ばすコミュニケーション

私にとって「話す」ことは仕事であり、
「話し方」に関する内容の多くは必然的に
仕事に関わる話になっていきます。

もちろん、「話す」ことを
直接の仕事としていない人もたくさんいらっしゃるでしょう。

ただ、コミュニケーションにおいて大切な、
「相手の立場に立つこと」
「相手に共感すること」
「相手に喜んでもらうこと」
といった要素は、どんな仕事とも深く関わっていると思います。

その意味で、コミュニケーション能力を磨くことは、
仕事力を伸ばすことにつながります。

また、仕事というのはお客さんがいる以上、

「人と関わること」だと言えます。

直接にせよ、間接にせよ、人と関わる上で、
コミュニケーションを学ぶ意味は大いにあると思います。

職場の同僚やお客さんとの関係を振り返りながら、
この章を読んでいただけたらうれしいです。

「企画を実現する人」が持っているもの

仕事におけるコミュニケーションで大切なものの一つに、「自分の意見を社内で認めてもらう」ことがあると思います。企画やプロジェクトなどを説得力のある形で説明し、決定権のある人に認めてもらったり、周囲の人たちを巻き込んだりすることは、仕事を進める上で非常に重要です。

そして、私自身の経験では、自分の意見を通す際には、プレゼンの技術や伝え方に加えて、日ごろの信頼関係が大事になると感じています。

そう考えるようになったきっかけの一つには、フジテレビのプロデューサーである佐々木将《まさる》さんの存在があります。佐々木さんは『人志松本のすべらない話』や『FNS歌謡祭』、『HEY! HEY! HEY! MUSIC CHAMP』などを手がけた名プロデューサーの一人なのですが、どんな人に対しても優しく接する、物腰の柔らかな方です。佐々木さんのことを知る人はみな、「誠実で素晴らしい人だ」と口をそろえて言うのです。

フジテレビを退社する直前、ある番組に私が出演するかどうかが最後まで決まらなかったことがありました。他の出演者さんの事務所との調整などいろいろな事情があったのですが、二転三転した上に、結局出演はなくなりました。退社直前のデリケートな時期だったこともあって不信感が募ってしまい、間に立っていた制作の方に「もう信頼できません」と怒りを露わにしてしまいました。様々な事情があってのことなので、私も感情をコントロールできなかったことを反省していたのですが、しばらくしてから佐々木さんが私のところにやってきてこう言いました。

「今回はうちの制作班が失礼なことをして本当に申し訳ない。でも彼（担当者）は最後まで何とか加藤を使えないか頑張っていたんだよ。彼の気持ちも汲んであげてもらいたいんだ……」

私が制作の方に感情をぶつけてしまったことについては、「生意気だ」と思われても仕方のないケースだと思います。しかし、佐々木さんは同僚をフォローしつつ、私に対しても包み込むような優しい言葉をかけてくださいました。本当に誠実な方であり、他の場面でもきっと同じように対応されているからこそ、スタッフや演者の方々から大きな信頼を得ているのだと感じました（ちなみに、歌手の桑田佳祐さんが半年間だけという約束で、フジテレビでバラエティの冠番組を持った際、佐々木さんの名前である「MASARU」というタイトルの曲を書かれています。詳しい経緯は分かりませんが、桑田さんが佐々木さんに厚い信頼を寄せているからこそ実現したのではないかと思います）。

佐々木さんが実際にバラエティ番組の企画会議等でどのような振る舞いをされているのかは分かりません。ただ、佐々木さんの誠実さや真摯な姿勢を見ているからこそ、周りのスタッフの方々や番組にゴーサインを出す編成の方々も「佐々木さんが言うのなら」となる部分が大きいのではないかと思います。

もし会社で自分の提案や意見が否定されてしまったとしたら、普段の仕事の姿勢や同僚への接し方を見直してみるのも一つの方法かもしれません。「この人が言うならやってみよう」と周囲に思ってもらうには何ができるかを考えて行動する。地道で遠回りに思えるかもしれませんが、自分の企画を通すためにも、その企画を成功させるためにも、必要なステップだと思います。

❖日ごろの姿勢で周囲との信頼関係を築き、企画を実現しやすくする

ゆずれない「一線」を持つ

自分の信念を曲げずに発言することは、その場では反感を買うかもしれませんが、より広い視点で考えると信頼を高めることにつながると思います。

先日、加藤浩次さんとお会いしたとき、サッカーのロシアW杯の話になりました。加藤さんはロシアW杯で、ある局のメインキャスターを務めていたのですが、その局では大会の総決算の特番で、日本人が選ぶイケメン選手ランキング、という特集が組まれたのです。そのとき加藤さんは、「W杯は選手たちにとってはすべてをかけて準備してきた大舞台なのだから、大会の最後はゴール集やハイライトなど、他に放映するべきものがあったのではないか」と感じ、実際、番組の中でその主旨の発言をされたそうです。

出演者の立場からすると、番組の構成について否定的なことを言うと次は声がかからなくなるかもしれないという不安もあります。しかし、自分に嘘をつかず、言うべきだと思ったことを率直に言うからこそ、加藤さんは視聴者から厚い信頼を得ているのだと思いました。

テレビという世界で、自分の筋を通すことの大切さを教えてくれるエピソードがもう一つあります。これはある番組でお聞きした話なのですが、黒柳徹子さんが音楽番組『ザ・ベストテン』の司会をしていたときのことです。生中継で子どもたちが出演者に対して質問するというコーナーの中で、顔を黒塗りにしていたアーティストに対して、人種差別にもとられかねない質問が出たそうです。すると、スタッフの方から時間がないので次に行ってくださいという指示が出ていたにもかかわらず、黒柳さんは、「これだけは言わせてください」と言って、次のように話しました。

「『なになにのくせに』という風に、顔の色とか、国籍が違うと区別をする言い方をすると、私は涙が出るほどとっても悲しく思います」

「国籍が違う、そういうことで一段高いところから人を見下ろすように言わないでください」

いったん進行を止めてでも、自分が違う、と思ったことにはきちんと声を上げる。たとえその瞬間は摩擦《まさつ》が起きたとしても、自分が違和感を持ったことをそのままにしない。

そういったこだわり、信念があるからこそ黒柳さんはこれだけ多くの人に長い間愛されているのでしょう。

そして、これは仕事やプライベートでも同じことが言えると思います。自分の意見を持たず、その場の雰囲気に合わせる発言を繰り返していると、自信のない人に見えたり信用を失ってしまったりする場合があるように感じます。

ときに摩擦が起きたとしても、自分の信念を大事にし続けることで、多くの人からの信頼を得られるのだと思います。

❖人と摩擦を起こすことになっても、自分の信念を曲げずに伝える

再ブレークする人の共通点

自分の信念を守ることは、「自分らしさ」を貫くことでもあります。

最初に有吉弘行さんとお会いしたのは、『カトパン』でした。

有吉さんが人にあだ名をつけるのが大流行していた時期だったので私もつけてもらったのですが、そのとき返ってきた答えが、

「3割引きの女」

当時の私は入社1年目で、周囲の期待に十分に応えられていない状況でした。有吉さんは、前評判だけが高まり実力の伴っていない私に対して、「実際に会ったらそうでもない」ということで「3割引き」と表現したのです。そう言われてショックじゃなかったと言ったら嘘になるのですが、周りのアナウンサーやスタッフの方々があまりにも笑うので、「みんなそう思っていたのか！」と納得せざるを得ませんでした。

私のあだ名の件でも分かるように、有吉さんはみんなが思っているけれど、言葉にで

きていないことを言い当てる天才です。そして、さらにすごいのは、テレビに出るスタンスが10年以上前からまったく変わっていないということです。

先日ある番組で、有吉さんと同じ太田プロの土田晃之さんが、いかに有吉さんが変わっていないかということを説明するために、過去のVTRを紹介していました。ある地方局の番組だったのですが、愛想笑いをせずに言いたいことを言う、驚くくらい今と同じスタンスの有吉さんが映っていました。そのとき、土田さんは「これじゃあクビになって当たり前だよ」と笑っていましたが、この「ブレなさ」こそが有吉さんが大ブレークし、その後も長年活躍されている要因の一つだと思うのです。

ブレずに自分らしさを貫いてきた人がひとたび脚光を浴びると、大きく飛躍するという現象があるように思います。その理由は、やはり、「信頼できる」からではないでしょうか。置かれた状況や相手によって話す内容やスタンスを変えてしまう人は、短期的にはうまくいっても、一つのきっかけですべての言葉が疑われてしまうことにもなりかねません。自分らしさを貫くとはつまり「正直さ」の表れでもあるからです。

また、世の中の人の心には「流れ」があるように思います。

人の好みは移ろうので、あるタイプの人にスポットライトが当たる時期もあれば、違うタイプの人が評価されることもあります。もし自分らしさを持たずに、世の中の人の好みに合わせていこうとすると、常に後追いし続けることになってしまいます。逆に自分が定位置に留まっていれば、世の中の目線が止まるときがやってくるかもしれません。

だからこそ、ときに人から嫌われることがあったとしても、自分らしさを貫く人は最終的に評価されるのだと思います。

そして、自分らしさを貫くということは、周囲の視線を気にしすぎず、自分の人生を楽しく生きるということでもあるように思います。

一時期テレビから遠のいていたヒロミさんが再度テレビで活躍するようになった理由も、ヒロミさんの生き方にあるように感じます。テレビに出ていない間も趣味や事業で自分の人生を存分に楽しんでいたことが画面越しにも伝わってきますし、それが新たな武器にもなっています。テレビの仕事がなくなっても人目を気にせず、ブレない生き方をしていたからこそ、再び世間の視線が向けられたとき、色褪《あ》せないヒロミさんがいたのではないでしょうか。

会社組織の中にいても、自分と違うタイプの人がもてはやされると、焦ったり自分を変えたくなったりするかもしれません。ただ、そういうときこそ「自分らしさ」を振り返り、自分自身が納得できるスタンスを貫くことが、最終的に大きな評価につながるのだと思います。

❖自分らしさを貫くことで、
脚光を浴びたとき大きく飛躍する

第一声で空気を作る

先日、友人とランチをしていたときに仕事の電話があり、出るときに、
「もしもし加藤です。お疲れ様です」
と言ったところ、友人に「私にはそんな声出してくれたことない！」と怒られてしまいました。

私は、普段の声と仕事のときの声に差があるようで、アナウンサーになったばかりのころ、高校時代の友人に「声だけ聞いたら綾子だと分からなかったよ」と言われたこともあります。

私はカメラの前に立ったときや仕事モードのときは、裏声のような、少し高い声を使っています。

言語学的に見ても、日本語は声の強さよりも高さをメインに変えていくので、人にものを伝えるときは少しだけ高い声を出すのが良いとされているそうです。特にアナウン

サーは、世の中で起きた出来事や問題点などを分かりやすく伝えることが仕事なので、しっかりと人の注意を惹くような発声法が良しとされています。

少し話が脱線してしまいますが、各テレビ局によって、原稿読みにもスタイルの違いがあります。たとえば日本テレビのアナウンサーは伝統的に語尾の声量を落とし、消えていくように話す方が多いように思います。逆にフジテレビは語尾も自然に発音するのが良いとされています。どちらが良いかは受け取る側の好みになってくると思いますが、視聴者の方に情報を伝える上で、各局が原稿の読み方を試行錯誤してきた歴史があります。

話を戻しますと、コミュニケーションにおいて声の高さは重要な要素であり、コミュニケーションが苦手だという人は、声の高さを少し変えるだけで大きな効果が生まれる可能性があります。

たとえば、私は「よろしくお願いします！」という最初の挨拶を仕事のスイッチにしています。少し高い声を出すことは、普段の会話をするときよりも鼻に響かせる発声になるので声が通りやすく、話している内容も相手に伝わりやすくなります。それと同時に、自分に対してもこれから仕事を頑張るぞ！　という意識の切り替えポイントにもなります。

「仕事での第一声は、少し高めの元気の良い声で」

すごく基本的なことですが、どんな仕事のときも心がけていることです。

❖挨拶の第一声は、少し高めの声を心がける

「小さな冒険」をたくさんする

「今週のテーマはハッシュタグ、ワールドティーチャーズデー。心温まるツイート、たくさん紹介します。ちなみに、私も教員免許持ってるんですよ」

これは私がフリーになってから出演していた『世界へ発信！ＳＮＳ英語術』という番組のＰＲ動画でのコメントです。十数秒の尺だったにもかかわらず、とても緊張してしまいました。

というのも、局員時代はコメントするときは必ず事前にディレクターとのやりとりがあり、「これでいこう」という確認作業をしてから収録していたからです。しかし、このケースではカチッとした段取りはせず、発言内容もある程度出演者に任せる雰囲気で収録が始まったので戸惑いました。

ただ、このとき私が自分に言い聞かせたのは、

「少しでも冒険していこう」

ということです。このときは、「ワールドティーチャーズデー」という教師に感謝する日を話題にしていたので、「私も教員免許を持っている」という台本にはない言葉を入れてみました。

これはほんのささいな例ですが、私は仕事でこういうアドリブを入れることがあります。もちろん反応が芳《かんば》しくないこともありますが、そういった経験をすることで、あとから「あのときもっとこうしたら良かった」「こう言ってみるのも良かったかもしれない」と考える材料になるからです。

SNS英語術では、ペナルティのヒデさん、ガレッジセールのゴリさんと共演していました。ちなみにヒデさんは、私と同じ冒頭のコメント収録で、

「ちゃんと(番組を)見なさいこのバカチンが」

とおっしゃっていました。正直ちょっと変な空気になったのですが(笑)、ヒデさんに動揺している様子は一切なく、むしろその空気を楽しんでいるようでした。そして、そうした余裕があることで、この発言もじわじわ面白さを増してくる雰囲気が生まれていました。

人との会話では、小さな冒険をたくさんすることが大事だと思います。ちょっとした思いつき、アドリブを試す姿勢を持っておくことが、大事な舞台で自分を支えてくれる強さにつながる気がします。

❖会話で小さな冒険をたくさんして、振り返る材料を作る

「相手の気持ちを知る」に近道はない

『めざましテレビ』は放送が終わると、すぐに反省会が始まります。出演者やスタッフが車座になって、その日の企画の内容や切り口、演出、情報の伝え方のバランスなどについて意見を出し合います。

最初のころは、反省会でなかなか発言することができませんでした。他のスタッフの方が出す意見について「確かに！」となることは多かったのですが、自分から発信することができずにいたのです。そこで、出演者のみんなでご飯を食べに行ったときに、大塚範一キャスターに、

「どうしたら番組の内容について、自分なりの意見を持つことができるのですか？」とたずねました。

NHK出身の大塚さんは長年ニュース番組に携わっていらっしゃって、反省会でも私自身が「そうそう！　そこ！」と思わずうなずいてしまうようなポイントをいつも指摘なさっていたからです。

私の質問に対して大塚さんはこうおっしゃいました。

「長くやっているとね、これぐらいの説明で分かるだろう、これは前回も放送したからみんな知っているはずだ、という風に知らず知らずのうちに作り手の目線に立ってしまうものなんだ。だから視聴者の目線から離れないようにいつも気をつけているんだよ」

コミュニケーションにおいてもっとも大事なことは、「受け手の立場に立つ」であることに異論を挟む余地はないと思います。しかし、この「受け手の立場に立つ」という言葉を聞いたとしても、なかなか実践することができません。私自身、どうしたらコミュニケーションの受け手の気持ち、目線を持つことができるだろうか、というのは大きなテーマとして考え続けています。

私たちは何かを伝えたり発信したりすることを仕事にしていますが、受け手である視聴者の方がいつも喜んでくれるとは限りません。何が視聴者の方にとってベストなのか、ということにも明快な答えはありません。だから、番組を作る過程では反対意見が飛び交ったり、摩擦が起きたりすることがあります。番組作りをするときは、和気あいあいとした空気も大事ですが、同時に、厳しい意見から逃げずに作り上げた番組の方が、視聴者の方にご満足いただける場合が多いように思います。そうした「楽をせずにやりあう」時間こそが、「受け手の立場に立つ」ために必要な時間だと思うようになりました。

個人のコミュニケーションにおいても同じことが言えると思います。

たとえば何かを伝えたいときに「こんな言い方をしたら相手を傷つけるのではないか」と考えて引っ込み思案になってしまう方もいらっしゃると思いますが、自分の中で葛藤している状態は、相手の立場に立つために楽をせず、立ち止まっている状態だとも言えます。

そしてそういった楽をしない姿勢を持っている人は、あるきっかけでコミュニケーション能力が大きく伸びることがあるように思います。

私の音大時代の友人で、学生時代は引っ込み思案だったのですが、音楽の先生になり、子どもたちと接する時間が増えたことでコミュニケーションがすごく魅力的になった子がいます。彼女もやはり楽をせず、相手の立場に立つことを色々考えるタイプだったように思います。そんな彼女が場数を踏んだことで、素晴らしいコミュニケーションができる人に成長していました。

楽をせず、葛藤したり摩擦を起こしたりすることから逃げなければ、「相手の目線」「相手の気持ち」と自分が重なるタイミングが訪れるのだと思います。また、そのことを意識し続けなければ、いつのまにか相手の目線や気持ちから離れ、自分本位のコミュニケーションになってしまうことを頭に留めておく必要があると感じています。

❖摩擦や葛藤から逃げずに、相手の立場に立とうとし続ける

ひと手間を惜しまない

仕事における気遣いには様々な形のものがあると思いますが、ちょっとした工夫で魅力的な印象を残す人がいます。

たとえば、美容家のＩＫＫＯさんです。

ＩＫＫＯさんは、現場で一緒になった共演者全員に差し入れをくださいます。差し入れをしてくださる方は他にもいらっしゃいますが、ＩＫＫＯさんは食べ物や化粧品といった差し入れに必ず直筆の一筆箋を添えてくださるのです。私が収録前にいただいた差し入れにも「本日も収録よろしくお願いします」と書き添えられていて、とても温かい気持ちになったことを覚えています。ちなみにＩＫＫＯさんは自分で食べておいしかったもの、使ってみて良かったものしか渡さない、というルールを持っていて、毎週会うレギュラー出演者には気を遣わせないために高価なものは贈らないそうです。

ビジネスシーンやプライベートでも、手土産やプレゼントを持参する機会があると思います。そのとき「何を持っていくか」で悩まれる方も多いでしょう。もちろん、相手の顔を思い浮かべ、どんなものが喜ばれるか考えることは大事です。ただそのとき、ＩＫＫＯさんのように他の人とは違う、自分にしかできないちょっとした気遣いがあると印象は大きく変わると思います。

豪勢である必要はないのです。ひと手間をかけて喜ばせたいという気持ちは、必ず相手に伝わると感じます。

愛されるヒント 37

❖直筆で一筆添えるなど、
ひと手間かけることで相手を喜ばせる

「頭が良い人」の話し方

教養のある人、数字に強い人、どんな話題にも臨機応変に対応できる人……。「この人は頭が良い」と感じる基準は人それぞれだと思いますが、私が「頭が良い」と感じる人の特徴に「色々な視点が持てる」というものがあります。

サッカー選手の三浦知良さん（以下、カズさん）に取材をさせていただいたときは、「この人は本当に頭の良い人だな」と感じました。

まず、こちらが何を聞きたいかを把握されているので、質問に対する答えが的確で、言葉が足りないということがありません。さらに、自分の意見を言うときに、

「○○という考え方の人もいると思いますけど、自分の立場はこうです」

という風に、反対の意見があることを考慮した上で自分の考えを話してくださるのです。世の中には一方の意見を強く言う人もいますが、物事には色々な見方があり、立場によって意見が変わってくるのは自然なことです。カズさんはそのことを踏まえて、自

分の意見が絶対ということではなく、他の立場を尊重しつつも、自分の考えはしっかりと伝える、という話し方をされるのです。本当に聡明な方だという印象を受けました。

また、レギュラー番組でご一緒しているマツコ・デラックスさんも本当に頭の良い方だと思います。マツコさんの魅力は、視聴者の方が「それを言ってほしかった！」と思わず膝を打ってしまうようなコメントだったり、毒舌の中にも愛情のある発言だったりすると思いますが、これもまた、「色々な視点が持てる」からだと思います。誰かを一方的に否定したり、攻撃したりするのであれば、マツコさんがこれほどの人気者になることはなかったのではないでしょうか。表面上はきつい言葉を使っていても、その裏には深い愛情があります。私が『めざましテレビ』の生放送中に倒れてしまったときも、いち早く連絡をくださったのがマツコさんでした。「体が一番大事だから、無理しちゃダメだよ」という言葉をいただき、とても感動したのを覚えています。マツコさんは誰に対しても、母親のような態度で接してくださる方なのです。どんな立場の人にも共感する視点を持てるマツコさんは本当に素敵で、学ぶところの多い方だと感じています。

一方の意見だけではなく、逆の立場も理解すること。それは自分の視点を疑い、相手の意見を受け止める姿勢から生まれるのかもしれません。私はそんな成熟した姿勢を持つ人の言葉に知性を感じます。

愛されるヒント

38

❖違う立場の人の考え方も考慮した上で、自分の意見を言う

Chapter 5

愛される聞き方

「話し方」について考えるとき、
避けて通れないのが「聞き方」です。
良い「聞き方」ができる人は同時に、魅力的な「話し方」が
できる人だという印象があります。
そして、「聞く」という受け身の行為にこそ、
表面的なテクニックではない、
根本的な「考え方」や「姿勢」が求められると思います。
私自身、アナウンサーになりたてのころは
「聞くこと」が苦手で大変苦労しました。
尊敬する先輩アナウンサーや司会者の方々は
話し上手であると同時に
「聞き方」の達人でもあります。
彼ら・彼女らに囲まれて「聞くこと」について学びながら、

「聞き方」の姿勢や考え方を変えることで、
自分が話す内容も、相手が話す内容も
変わってくることに気づきました。
この章では、そんな「聞き方」についてのお話を集めました。
自分が普段どんな姿勢で相手の話を聞いているか、
振り返りながら読んでいただけたらうれしいです。

阿川佐和子さんと高島彩さんの「聞く力」

私は昔からおしゃべりなタイプでした。相手の話にはそれほど興味が持てなくて、隙《すき》あらばすぐに自分の話をし始めてしまうのです。思い返すと小学生のときから「綾子は本当に人の話を聞いてないよ」と言われることが多かったです。自分としてはかなり盛り上げて話したつもりなのに、「ごめん、その話3回目なんだけど」と言われてしまったこともありました。

しかし、アナウンサーは相手の話やコメントを引き出すのが仕事です。番組の進行役としても、インタビュアーとしても、自分の話をするというよりは、相手の話を展開させ、相手を主人公にしていくことが求められます。

多くの仕事やプライベートのコミュニケーションでも同じことが言えると思います。自分が主人公になり気持ち良く話すことは誰にとっても楽しいはず。「相手に気持ち良く話してもらう聞き方」を身につけることは、コミュニケーションにおける一つのゴールだと思います。

そして、聞く姿勢の素晴らしい方といえば、なんといっても阿川佐和子さんでしょう。

私もフリーアナウンサーになってから、阿川さんにインタビューしていただける機会がありました。阿川さんはインタビュアーとして大先輩にあたる方ですが、会った瞬間から、「カトパンちゃん！」という感じで、一切壁を作らず話しかけてくださいました。仕事と雑談の境目のない会話といいますか、いつ取材が始まったのか分からない雰囲気だったのです。どちらが聞き手で、どちらが話し手なのかという垣根もないので、普段の生活の延長線上で話しているうちに他のインタビューでは話せなかった内容をいつのまにか口にしていました。また、インタビュアーとしての仕事も多い私に対して、ご自身の失敗経験をお話ししてくださったのも印象的でした。

「○○さんに会ったとき、こう言ったら怒られちゃって！　怖かったのよ（笑）」

大先輩の阿川さんからこういったエピソードを聞くことができ、非常にリラックスすることができたのを覚えています。失敗談を聞くことで安心して共感が高まると、自然と心を開いてしまいます。失敗談や苦労話を楽しく伝えられる人は、実は聞き上手でもあると思います。

聞き上手な方で他に思い浮かぶのは、尊敬する先輩の一人である高島彩さんです。フジテレビにいたころは番組で共演することもほとんどなく、あまり話せなかったのですが、彩さんが退社されてからはお会いできる機会が多くなりました。彩さんは相槌《あいづち》のタイミングと雰囲気が絶妙で、2人でランチなどに行くと、「仕事とオフのバランスについて」や「結婚と子育て」など、思っていることを何でも口にしてしまいます。彩さんはどちらかというと口数の多いタイプではないですが、頭の回転がとても速く、鋭い角度から的確なコメントをしてくれます。

彩さんの聞き方には、

・次につながる的確な相槌で、話をA地点からB地点へと展開してくれる
・心地良いタイミングで同調してくれるので、気持ち良くしゃべってしまう

などの特徴があるように思います。「へーそれでそれで?」と興味を持って話をうながし、「どうなったの?」と展開してくれる……文字だとあまり伝わらないのがもどかしいですが、間合いや表情、雰囲気などすべてが心地良さにつながっている気がします。
どういう聞き方をすれば相手に気持ち良く話してもらえるか、「聞き方」は本当に奥が深いと思います。「この人と話していると楽しい」「この人の前では気持ち良く話せている」と感じたときは、目の前の人がどんな聞き方をしているか注目してみるのも聞き方を向上させる大事な姿勢だと思います。

愛されるヒント 39

❖雑談と仕事の垣根のない雰囲気を作り、相手の話を引き出す
❖過去の失敗を話し、心を開いてもらう
❖心地良い相槌・同調で、気持ち良く話してもらう

リアクションの本質

コミュニケーションは「自然さ」が大事だと繰り返しお伝えしてきましたが、自分のコミュニケーションを見直そうとするとき、特に不自然になりやすいのが「リアクション」だと思います。「身振り手振りを大きく」や、「常に笑顔で」などの、リアクションを良くする手法はすぐに実行できるというメリットはあるものの、自分の本心とつながっていないときに、わざとらしいと思われてしまう場合があるように思います。

たとえば、私はよくリアクションが大きいと言われます。テレビ局に入ったばかりのころは「笑い方が大げさで下品に見える」と何度も注意されたので抑えるようにはしましたが、「リアクションを抑えよう」と意識しすぎると不自然さが生まれてしまう気がして、今でも葛藤があります。

逆に、本心とつながるリアクションを取ることが魅力を生んでいる例を一つ挙げたいと思います。

私のマネージャーはとてもマイペースで口数も少ないタイプです。私と一緒に外部の方と打ち合わせをするときも、基本、物静かに過ごしています。

ただ、あるとき、打ち合わせが終わったあと、普段は寡黙なマネージャーが熱く語り始めました。打ち合わせに参加していた人のファンだったそうで、帰りの車の中でマネージャーの雰囲気が一変し、その人がいかに素晴らしいか、今日どんなにうれしかったか、数分間熱弁をふるったのです。その姿を見て、とても素敵だな、と感じました。普段のおとなしい性格を知っているからこそ、思いの強さが伝わってきたのです。

「こういうリアクションをしたら人に好かれる」――ビジネスでもプライベートでもリアクションの方法について語られているものがあるかもしれません。ただ、本心とつながらない「良いリアクション」よりも、自分の素直な気持ちから来る感情表現の方が魅力的だと感じます。

リアクションは、自分の「素」を大事にしてもらえたらと思います。そして「素」に対して自信を持っていただきたいのです。その上で、ここは変えたほうがいいと思ったり、強めたほうがいいと判断したりした部分は変えていく。自分の軸を大事にしながらコミュニケーションを学ぶ姿勢を心がけてみてください。

❖リアクションは、自分の「素」を大事にしつつ、
変えるべきポイントを変えていく

人の話を聞くときは「ほっぺたキープ」

入社1年目に経験したバラエティ番組で、「カトパンはこういうときがある」というお題に対してバナナマンの日村勇紀さんがこうおっしゃいました。

「人の話を聞いているとき、顔が死んでいる」

その瞬間スタジオは笑いに包まれたのですが、私は結構なショックを受けました。テレビ画面の中に出演者の表情が小さな枠で表示されるのをワイプと言います。もし日村さんの言うような「死んでいる顔」がワイプに映ってしまったら大問題です。

私は基本的にオーバーリアクションで、先輩アナウンサーからよく叱られていたというお話をしましたが、笑うときは笑いすぎ、自分が話をしていないときはつまらなそうな表情というのはプロ意識が足りていないと猛省しました。

そこで、ちょうどいいバランスを求めて試行錯誤したのですが、ちょっとした解決策を見つけました。

それが「ほっぺたキープ」です。

私は気を抜くとほっぺたが落ちてしまう癖があります。でも口角を上げよう！　と意識してしまうと不自然な笑顔になってしまいます。自然で、かつ表情が死なないようにするためには、口よりも頬の肉を意識してキープするようなイメージを持つのが良いと分かりました。上に持ち上げるというよりも重力に対抗して平行にしておくような感じでしょうか。これを続けていると、表情筋が鍛えられて全体的に顔の肉が上がってくるリフトアップの効果もあります。

笑顔も真顔も、会話と同様に自然さが大事です。口角を上げよう、無理にでも笑おう、というのではなく、自然さとの兼ね合いを見ながら「自分なりのバランス」を見つけていくことが大事だと思います。

❖人の話を聞くときは、頬の肉を意識してキープする

一つ上の「オウム返し」

聞き方のテクニックの一つに、

「相手の言葉をそのままオウム返しにする」

というものがあります。

相手が発したのと同じ言葉を繰り返すことで、共感していることが伝わり、気持ち良く話してもらうことができるという考え方です。

この方法には、もちろん一定の効果はあると思います。ただ、少し気になるのは、相手の言葉をそのまま繰り返すことを意識しすぎると、タイミングや言い方などが不自然になってしまう場合があるのではないかという点です。そこで、相手の言葉をそのままオウム返しするのではなく、「相手の言葉への共感を深めた結果、自然とオウム返しをしている」という状態を目指したらいいのではないかと思います。

インタビューの仕事では、相手に共感することが重要になる場面があります。

たとえば、スポーツ選手は話すことがメインの仕事ではないので、会話が得意な人も不得意な人もいます。また、中学生や高校生が世界大会に出場するといったことも珍しくなく、人前で話す機会がほとんどないままテレビのインタビューを受けるという状況もあります。

ある競技の世界大会に出場していた女子中学生に、試合後のインタビューをしたとき、

「怖かったです」

という答えしか返ってこなかったことがありました。

そのとき、私は、選手の試合中の状態を想像しながら、

「怖かったんですね」

と繰り返すだけのやりとりをしました。すると、彼女の気持ちに寄り添おうという思いが伝わったのか、少しずつ、試合中に抱いていた思いや試合を終えた心境を言葉にしてくれました。

このときに私がしたこともオウム返しですが、相手の言葉をとにかく繰り返そうと考えるのではなく、相手の言葉に共感しつつ、一緒に階段を上っていくような感覚だった

と思います。そんな状態になったとき、自然と相手との共感が深まり、色々な言葉を引き出せるように感じます。

愛されるヒント

42

❖相手の言葉に共感し、寄り添った結果、自然とオウム返しになる状態を目指す

どんな人でも話し上手にしてしまう池上彰さんの聞き方

難しいニュースを分かりやすく伝えるエキスパートといえば、多くの人が池上彰さんを思い浮かべるのではないでしょうか。

複雑な海外情勢についても、誰もが分かるような言葉で魔法のように説明してしまいますし、自身の取材時間を確保するために番組の出演本数を抑えるなど、ジャーナリストとして妥協しない姿勢も本当に素敵だと思います。ただ、そんな池上さんですが、何度か番組でご一緒するうちに「話し上手」であると同時に「聞き上手」だと感じるようになりました。

特に、子どもたちを相手にするとき、そのことがよく分かります。

番組内で、子どもたちが池上さんにどんな意見や質問をぶつけても「ああ、そうだよね。鋭く見てるね」「とてもいい着眼点ですね」という具合に、必ず否定せずに受け入れてくれるので、子どもたちもどんどん意見を言いたくなります。そんなやりとりをしているうちに、子どもたちはその分野についてもっと知りたいと思うようになるでしょう。池上さんのような聞き上手な先生がいたら、どんな子どもでもその教科を好きになってしまう——池上さんの聞き方に触れると思わずそんな気持ちにさせられます。

仕事の会議などでは自由な発想を妨《さまた》げないために、「意見を否定しないことが大事」と言われますが、池上さんのように、「面白い」「その着眼点もある」と広い視野で情報を吸収できれば、誰もが自由に意見を出す空気ができると思います。

少し余談になってしまいますが、池上さんと1年2か月ぶりに番組で共演する機会があり、そのとき池上さんは冗談ぽく、「女優さんとご一緒できるだなんて！」とおっしゃいました。その間に私がドラマに出演していたことをいじってくださったのですが、私がドラマに出ていたことを知ってもらえていたうれしさもありました。「興味を持ってもらえている」という思いは子どもだけではなく大人でも、大いにうれしいものです。目の前の相手に対して色々な角度で興味を持つことは、聞く姿勢を養う上で非常に大事なことだと思います。

❖どんな意見や質問も否定せず、興味を持って聞く

Chapter 6

幸せを「見つける力」

最終章は、「見つける」ということに関して
お伝えしていきたいと思います。
これまで色々な方の例を挙げながら、
魅力的なコミュニケーションについてお話ししてきました。
その作業の中で、魅力的なコミュニケーションの根本には
「見つける」ということがあると気づきました。
「自分の失敗談を楽しく伝える」というのは、
自分の失敗を面白がる視点を見つけることですし、
「相手に興味を持つ」というのは、
相手の中にある魅力を見つけることだと思います。
他人は自分の鏡だとはよく言われますが、
人の魅力を見つけられる人は、
その優しい目を自分にも向けることができます。

人の魅力を見つけ、楽しませられる人に自信を感じるのは、
その視点が自分にも向いているからだと思います。
また、日々の生活の中で、喜びや楽しみを見つけられる人は、
いつも幸せな気分で生きることができます。
そんな人とコミュニケーションを取ると、
こちらも幸せな気分にさせられます。

幸せになるためには、
身近にある幸せに気づくことが大事だと言われますが、
幸せは「見つける」ものだと言い換えられるかもしれません。
この章でお伝えする内容で、あなたが今以上に
自分自身の魅力と幸せを見つけられることを願っています。

好きになると、好かれる

人から好かれるにはどうしたら良いでしょうか。

その方法を一言で言うなら、「人を好きになる」ことだと思います。

相手のことが好きであれば、自然と興味がわいてきて話も弾むでしょうし、何より表情や口調から「好き」であることが伝わり、温かい雰囲気が生まれます。その結果、相手からも好かれる可能性が高くなるように思います。

「人を好きになる」――これはコミュニケーションにおいてもっとも大事なことであり、コミュニケーションが苦手だという方は、もしかしたら、人が嫌いな方なのかもしれません。

では、どうすれば人を好きになれるのでしょうか。

そのことを考えたとき思い浮かぶのは、周りに人が集まってくる人、人を好きになることがうまい人は「愛のあるツッコミ」が本当に上手だということです。

仕事仲間に、少し天然で「今、この場でその質問は良くないんじゃないか」というようなことをズケズケと聞いてしまうタイプの人がいます。本人には悪気がないのですが、周囲からすると「なんて空気の読めない人なんだろう」と思われる場合もしばしばです。

ただ、その場に愛のあるツッコミのうまい人がいると、

「このタイミングでそれ聞くの、かなり失礼なんだけど！(笑)」

というように本人をいじることで笑いに変えてしまいます。

その結果、周りにいる人たちもその人を受け入れるきっかけを持つことができます。そして、愛のあるツッコミができる人の根底には、「この部分は変かもしれないけど、愛らしくもあるよね」という風に、相手を受け入れ、好きになろうという姿勢があるように思います。

私の母親にも似たような面があります。

母は、私のことでよく笑う人でした。幼稚園の運動会で徒競走に出た私を見て、「あ、これはだめだって思ったの。だってあーちゃん、右手右足、両方前に出して構えてるんだもん！」と笑いながら言われたのをよく覚えています。

ただ、母は私を笑うといっても、すごく愛おしそうに笑ってくれるのです。だから私も悪いところを指摘されているという意識はなく「えへへ」といった感じで受け止めていました。毒舌家でもある母ですが、私の悪いところ、ダメなところをいつも受け入れてくれている雰囲気があったのです。アナウンサー試験を受けるときも、色鉛筆でカラフルに彩られた私のエントリーシートを見た母に、「ええっ？　こんなんでいーの⁉」と笑われた思い出があります。私は「いいの！」と言い返しましたが、母はちゃんとやりなさい、と言うでもなく、試行錯誤している姿も愛してくれていたように思います。

もちろん、指摘されたり笑われたりすることで傷つく人もいるので、やみくもにツッコミを入れるだけではいけません。ただ、「この人苦手だな……」という思いを心にしまい込んでふくらませるのではなく、前向きに解釈しつつ言葉にしていくことができれば、今以上に多くの人を受け入れることができるはずです。

人から好かれるためには、相手を好きになること。

そして、そのためには、相手のダメなところや変わった部分も楽しめるような「愛のあるツッコミ」が大事だと思います。

❖人のダメなところを受け入れ、愛のあるツッコミをすることで相手を好きになる

「最近面白いことがない」人へ

「この世界辞めたら、おもろいことなんて全然なくなったで」

芸能生活40周年を区切りに芸能界を引退した上岡龍太郎さんが、さんまさんにそうおっしゃっていたそうです。これは華やかな芸能界に比べたら普段の生活は面白くない、ということではなく、テレビで発信するために「面白いことを見つけようとする視点がなくなった」ということだと思います。

上岡さんの言葉は、コミュニケーション能力を伸ばす上でも非常に示唆に富んでいると感じます。私は身の周りで起きたことや仕事上のエピソードなどを友達に笑い話として話すことが大好きなのですが、「何か楽しいことがあったらあの人に話そう」と思うこと自体が「面白いこと」を見つけたり、引き寄せたりすることにつながっている気がするのです。

友人の結婚式でスピーチをしなければいけないと決まっていたら、その友人の良いところを探したり、思い出を振り返ったりすると思います。それと同じように、「盛り上げなければいけない場」を先に設定することでコミュニケーション能力を磨くことができると思います。

たとえば、旅行に行くとき、お土産だけでなく、土産話を持って帰ろうと決める。そうすれば、旅先で何か面白い場所はないか、話のネタになるような人はいないかという風に視点が変わってくるでしょう。また、ブログなどを開設して、決まった頻度で更新しようとすると、「何かを書こう」という意識が働くので、日常の出来事に対する見方が変わってくると思います。インスタグラムを始めた話をしましたが、何かを発信しなければというプレッシャーは「最近更新していないから何か新しいことをやってみよう」と自分を動かすモチベーションのような働きをしてくれています。

面白いことを見つけて、それを人に話す、アウトプットするという行動の繰り返しは自然な形でコミュニケーション能力を高めてくれると思います。また、自分から発信しなければならない場を作り、日常の中で面白いものを見つけるためのアンテナを高くすることは、日々の生活に喜びを見出すことにもつながるはずです。

「最近面白いことがない」と思う機会が増えている人は、何かを発信する場を作ってみてはいかがでしょうか。

❖発信の場を作ることで、面白いことへの感度を高め、コミュニケーション能力を高める

人生にも人間関係にも大きな流れがある

アナウンサーの仕事を始めて10年以上経ちますが、これまでの自分を振り返ってみると「大きな流れ」のようなものがあったと感じることがあります。

実は、フジテレビを辞める1年前にも退社を考えたことがありました。朝の番組をずっと担当していて、体力的な限界を感じ始めていたころです。ただ、そのときはまったくと言っていいほど事態が前に進みませんでした。多くのお仕事をいただいていたこともあり、社内にも「今辞めてもらっては困る」という空気があったように思います。

「あと2、3年はこのまま頑張らなければならないかもしれない」

そんな風に思い直した矢先、生放送中に倒れるという事故を起こしてしまいました。頑張っていこうと決めたわずか半月後ぐらいの出来事で、「ああ、もうだめだ。本当に辞めよう」と決心するきっかけになりました。ただ、その後は、前回退社を考えたときとは打って変わってスムーズに事が進み、多くの方に協力してもらえ、自分が望んでいた環境に身を置くことができました。自分にはコントロールできない流れのようなものがあるんだな、と感じたのを覚えています。

もちろん、悪い流れのときも努力は怠らず、もがく必要があると思います。状況が望むものと違ったとしても、努力を放棄してしまっては必要な経験が積めないからです。そうやってなんとか自分を奮い立たせ、希望を探しながら頑張っていると、「ああ、あのときの努力はここにつながっていたんだ」と後から分かることが多いように感じます。私自身、体力の限界を感じながらも局アナとして頑張り続けた期間が、今の仕事を支えてくれています。

アナウンサーの先輩からこんな話を聞いたことがあります。

その方は二度結婚されているのですが、一度目の結婚のときは、相手との関係や相手の親族や友人との関係などがうまくいかず、別れることになってしまいました。ところが、二度目のときは驚くくらい何もかもがうまくいったそうです。その先輩も「目に見えない大きな流れってあると思う」とおっしゃっていました。

もしかしたら、今、あなたは悪い流れの中にいるのかもしれません。その中で必死にもがいているかもしれません。だとしたら、

「悪い流れはずっと続くわけではない」「すべてがうまく回り始める時期は必ずくる」ことを思い出し、前を向くきっかけにしていただけたらと思います。

愛されるヒント 46

❖苦しい状況でももがき続けると、事態が好転するタイミングで飛躍できる

「うれしさのバトン」を回す

「どうすればコミュニケーション能力を向上させることができるか」

この問いの答えについて色々な角度から考えてきましたが、その中でも自然な流れでできることがあると感じています。それは、

「これまで言われてうれしかったことを覚えておいて、他の人に同じことを言う」

です。

私がこれまで言われて一番うれしかった言葉は、『めざましテレビ』時代にスタッフの方から言ってもらえた、

「加藤がいてくれたから助かった」

という一言です。

私は「自分が必要とされている」ことに何より喜びを感じるのだと、改めて実感しました。

その後、そばにいる誰かに対して「この人がいてくれたから助かった」と思ったときは、できるだけ口にするようにしています。その言葉を伝えるときは、自然と表情や口調に気持ちが入るので、相手にも喜んでもらえることが多いように感じます。

また、うれしかったこととは少し違いますが、私が子どものころに言われて楽しい思いをした言葉があります。

クラスメイトにからかわれたことを気にして、母親にこんな愚痴を漏らしました。

「私、今日、ナナフシに似てるって言われたんだけど」

するとその言葉を聞いた母親は、

「そりゃそうよ」

と言って続けました。

「だって私、ゴボウって呼ばれてたからね」

何が「そりゃそうよ」なのか全然分からなかったのですが(笑)、誰かが傷ついたり苦しい思いをしたりしたときは、自分の失敗や同じような体験を共有することで一緒に笑い合える、という楽しさを教えてもらいました。だから私は、自分の失敗談や苦労話を楽しく伝えられる人に魅力を感じるのかもしれません。

ちなみに最近、母と話していたとき、「仕事でこんなつらいことがあったんだ」とポロリと漏らしたところ、母は、

「何なのそれ！　私が文句言ってくる！」

と私以上に怒ってしまい、

「そこまでするほどのことじゃないから」

と逆になだめなければいけない状況になってしまいました(笑)。

ただ、そうやって私以上に怒ってくれたことで、私のつらさはいつのまにか消え去ってしまいました。

「人の愚痴を聞くときは、その人以上に怒れ」という話を聞いたことはありませんが、母の言葉はうれしかったので、今後は誰かの愚痴を聞くとき、つい、その人以上に怒ってしまうことがあるかもしれません。

言ってもらえてうれしかったことや、してもらえてうれしかったことを、他の人にする。

そのことを繰り返していけば、人は魅力を重ねていけるのだと思います。

❖誰かに言われてうれしかったことを、目の前の人に言う

コミュニケーションに必要な、たった一つのこと

「愛されるコミュニケーションとは何か」ということについて、色々な方の事例を交えてお伝えしてきました。これまで登場していただいたのはみなコミュニケーションの達人ばかりでしたが、最後に、私の父の話をさせてください。

父はどちらかというと不器用な人で、会話が得意というわけではありません。冗談を言うのを聞いたことはほとんどなく、頑固というか、一度こうだと決めたら人の言うことを聞かない部分があります。

そんな父に関する、こんな出来事がありました。

アトピーの症状が一番ひどかったとき、母と口論になりました。「なんでこんな体に生んだの！　お母さんのせいでしょう！」あまりにもつらくて母に八つ当たりしてしまっ

たのです。いつもは負けずに言い返してくる母が、そのときは悲しそうな顔をしたままでした。

その後、母が外に出て行ったので私は犬の散歩にでも行ったのかなと思っていたのですが、母は公衆電話から帰宅前の父に連絡をしていたようで、しばらくして、父から電話がかかってきました。

「綾子が今、どれくらいつらいのかは分かってあげられない。ごめんね。でも、綾子もママの気持ちは分かってあげられないんだよ」

思っていることを正直に、訥々《とつとつ》と語る父の言葉に心を動かされ、母に対して本当に申し訳ないことをしたと反省させられました。

私が中学生のとき、父が働く会社が合併することになり、今後の仕事がどうなるか分からないという状況になったことがありました。そのとき私が行きたいと思っていた高校は私立だったのですが、公立よりも学費が高いので難しいと思っていました。そんな状況の中、希望通りの高校に行くことを許してもらえたので喜んでいたのですが、父は、

「自分のお小遣いを減らしてでも綾子が行きたい学校に行かせてあげたい」

と母にお願いしていたらしいのです。

そのことを知ったのは、ずっと後になってからで、あるとき母が「あなた分かってるの？　実はね……」と教えてくれました。普段は生真面目で頑固な父なので、そういう優しさは後から気づくことが多いのです。

面白いことが言えたり、気の利いた言葉を口にできたり……そういったコミュニケーションは誰もが分かる、「早く伝わる魅力」です。それはある意味で、外見の魅力に近いと言えるかもしれません。

もちろんそうした魅力を磨くことも大切です。最初に抱いた印象がその人への気持ちを左右することもあります。

対して、心の優しさや美しさというのはすぐに伝わるものではありません。場合によっては誤解されることもあります。

ただ、コミュニケーションを扱う本であるにもかかわらず、繰り返し、言葉の前にある心の大切さをお伝えしてきたのは、多くの人から長く、深く愛されるには言葉を生み出す元となる心が何よりも大切であり――第一線で活躍する方々とのやりとりの中で学んだのは、まさにこのことだからです。

「目に見えないものが大事」だとよく言われますが、それは、他者からすぐに見ることのできない「心」を指すのだと思います。

本書を手に取っていただけた理由は様々だと思います。仕事や恋愛、家庭での人間関係……生きている限りコミュニケーションの問題は避けられません。

ただそのとき、一番大事にしてもらいたいのは、目の前の相手に対する優しさであり、気遣いであり、思いやりであり……自分自身の心のあり方です。そして、心を成長させ続ける姿勢さえあれば、その先に生まれる会話は、相手にとって必ず心地の良いものになるはずです。

また、心の成長に終わりはありません。

人間関係で悩み、葛藤し、苦しんだ、まさにそのときこそが、心が成長する大事なきっかけだと思います。まだまだ未熟な身である私ですが、この言葉を胸に刻みながら今後も努力していけたらと思います。

それでは最後になりましたが、本書をお読みいただき本当にありがとうございました。

本書でお伝えした内容が一つでもあなたの心に響き、周囲の人間関係に良い影響を与えられたなら、それに勝る喜びはありません。あなたにとっての会話が今以上に楽しくなり、人間関係がさらに満たされたものになることを、心よりお祈りしています。

愛されるヒント 48

❖目には見えない心を磨くことで、長く、深く、愛される

加藤綾子　かとう あやこ

1985年4月23日、埼玉県出身。
ニックネームはカトパン。
2008年国立音楽大学音楽学部
音楽教育学科卒業後、フジテレビに入社。
『めざましテレビ』や『笑っていいとも』など、
数々の人気番組でレギュラーを務めた。
2016年4月末にフジテレビを退社、
フリーアナウンサーとしてさらに
活躍の場を広げている。2019年4月から
フジテレビ夕方の報道番組
「Live News it!」の新キャスターを務める。

会話は、とぎれていい

愛される48のヒント

2019年4月16日　第1刷発行

著　　者　加藤綾子

撮　　影　神藤剛
衣裳協力　ADEAM
スタイリスト　杉山朱美
ヘアメイク　野口由佳
スタジオ　松濤スタジオ
マネジメント　阿部亨、岩本卓也（ジャパン・ミュージックエンターテインメント）
Special Thanks
藤岡隆、瀧藤雅朝、野村雄高、富山邦夫（ジャパン・ミュージックエンターテインメント）
装　　丁　寄藤文平＋吉田考宏（文平銀座）
協　　力　水野敬也
校　　閲　鴎来堂
編　　集　臼杵秀之

発行者　山本周嗣
発行所　株式会社文響社
〒105-0001
東京都港区虎ノ門2-2-5
共同通信会館9F
ホームページ　http://bunkyosha.com
お問い合わせ　info@bunkyosha.com

印刷・製本　中央精版印刷株式会社

 ISBNコード：978-4-86651-122-1　Printed in JAPAN
この本に関するご意見・ご感想をお寄せいただく場合は、
郵送またはメール（info@bunkyosha.com）にてお送りください。